下村善太郎と
Shimomura Zentarou & Wakao Ippei
若尾逸平

初代前橋市長と初代甲府市長

上毛新聞社

刊行に寄せて

著者で医学博士の下村洋之助先生は、近代前橋建設の最大の功労者で、推されて初代前橋市長に就任した下村善太郎のひ孫に当たる。私事で恐縮であるが、今から三十年前に洋之助先生の御母堂で善太郎の曾孫にあたるみつ様にお目にかかったことがある。私は群馬県史編纂室事務局（近代現代部会）に勤務していて二十九歳の若輩であった。

洋之助先生は医学界、御令兄・善之助氏は法曹界、御令姉・由紀子氏は教育界においてご活躍中で、紅雲町の下村邸で御母堂様から一対一でお話をうかがった。御母堂様は下村家の自慢話になってはいけないと終始、控えめな口調でお話をされた。御母堂様によると本町にあった下村家には、蔵が九つあって、そのうちの一つが小判蔵で、善右衛門（善太郎の長男）は幼少期には小判の中で遊んでいたという。この話は下村家の方でなければ語れない、当時の下村家の財力を端的に物語るものである。

善右衛門は文久三年（一八六三）生まれで、その年に父・善太郎が八王子から前橋へ帰郷した。『下村善太郎と当時の人々』によると、下村家の財力が全盛期であったのが、「明治八、九年から同十五、六年の時代で、資産は百万両といわれ、前橋第一であるばかりでなく、関東の巨商富豪として、三好善《みよぜん》の名は全国に鳴り響いていた」という。

＊　＊　＊

明治九年（一八七六）から十七年（一八八四）が、近代前橋にとって最も重大な時期であった。明治九年に熊谷県から群馬県（第二次）が分離独立し、県庁の誘致運動が功を奏し高崎から前橋へ仮庁として移り、同十四に正式に県庁位置が決定した。さらに、上野‐高崎間の鉄道の前橋までの延伸が、同十七年に実現した。

県庁誘致、鉄道延伸運動のリーダーが下村善太郎で、惜しみなく財産を「前橋のため」に提供した。下村家の全盛期が近代前橋の礎を築く時期と重なったことは何よりの幸運であったが、さらに、善太郎のよき理解者であった県令楫取素彦《かとりもとひこ》の在職期間が明治九年から同十七年と同時期であった。下村善太郎と楫取素彦が「前橋の恩人」と称される所以である。

私は政党政治史の研究を専門としているが、政治家には三つのタイプがある。①日記や書簡など一次資料を残し、自叙伝や回顧録を残すタイプ。②側近やブレインのような人に生前に伝記類を書かせるタイプ。③資料類を残さず、秘密もあの世へ持っていくタイプ。善かれ悪しかれ、①②のタイプの政治家は活字資料を残しているので、その研究は進む。当然③のタイプの政治家の研究は進まない。研究者は①②のタイプの政治家の遺した資料類の史料批判をして相対化し、③のタイプの政治家の研究を間接的な資料などを収集し、その人物に光を当てなければならない。群馬県選出で初めて国務大臣になった中島知久平は「生前も死後も、人に語られることを嫌い」伝記類を残すことを許さなかった③のタイプの政治家の典型であった。下村善太郎は市長になったものの政治家ではないが、中島知久平と同じタイプで、吹聴（自己宣伝）しない自己顕示欲のない人であった。したがって、下村善太郎が偉人であることは分かっていても、一次資料が残っていないため、本格的な伝記を書くことは困難なことなのである。

下村善太郎を語るときに基本資料が二つある。①豊国義孝（覚堂）「故下村善太郎翁と未亡人」（『上毛及上毛人』、上毛郷土史研究会、大正六年）、②『下村善太郎と当時の人々』（栗田暁湖、上毛印刷株式会社、大正十四年）―である。いずれも善太郎を知っている関係者に取材し書かれたものである。善太郎は重要人物であるから、前橋市史や人物事典類などに必ず書かれているが、すべてこの二つを種本に書かれている。二年前にも善太郎の「第二のふるさと」である八王子市を訪問し、文化財課や市史編纂室に確認したが、善太郎やゆかりの人物に関する資料は全く残っていないということであった。

＊　＊　＊

こうした状況下で、洋之助先生が医師としてご多忙のなかを善太郎の伝記をまとめられた。それも生前、御母堂みつ様から「ときどき若尾逸平《わかおいっぺい》の名前を聞かされた」ということにヒントを得て、二人の生き方を対比させる手法で、これまで二つの文献に依拠して定説化されたものとは違った善太郎像を示されたのは、さすがである。これも、下村家の方でなければできないものと敬服した次第である。

甲州（山梨県）出身の若尾逸平は、明治初年、生糸貿易の横浜で、下村善太郎と「地方生糸荷主の両大関」と称された。一匹狼タイプの上州人と違い、甲州人は団結力が強く、若尾は銀行・鉄道・電力・ガス・保険などさまざまな産業界に君臨する甲州財閥の祖となった人物である。

若尾逸平との対比によって、下村善太郎は地域主義を貫き、前橋を愛し生糸とその生涯をともにしたことが改めて確認できる。「県都前橋　糸のまち」は下村善太郎によってつくられたといっても過言ではない。

＊　＊　＊

下村善太郎の生涯は次の三期に区分することができる。第一期は文政十年（一八二七）に前橋本町に生まれてから嘉永三年に八王子へ出奔するまでの二三年間。第二期は嘉永三年から文久三年（一八六三）の八王子時代の一三年間。第三期は文久三年に前橋へ戻ってから明治二十六年（一八九三）に病没するまでの三十年間。この第三期が、善太郎が生糸貿易によって蓄えた巨万の富を「県都前橋」建設に投じ、推されて初代市長に就任した時期で、最も注目されている。

しかし、私は第二期の八王子時代こそ善太郎にとって重要であると思っている。「桑都」と称された八王子を含む多摩地域は、幕末に新選組が生まれ（尊王攘夷運動）、京都を中心に活躍した土地柄であるとともに、開港地横浜に近く外国商人と商取引をする人々がたくさんいた土地柄でもあった。そして、明治期には土佐（高知県）と並ぶ自由民権運動の拠点となったという、幕末から明治にかけては特別な地域であった。

「辛酸を経て志堅し」とは西郷隆盛の言葉である。善太郎は人生逆境の時代に、この多摩地域を中心に商取引を通して再起を図った。人間の表も裏も、社会の冷たさも温かさも、陰陽のすべてを味わった。幕末の変革期の複雑に交錯するベクトルも一身に受けた。

「事上磨錬（錬磨）」という言葉がある。陽明学の柱の一つで、日常生活や仕事などすべてが自己を磨く事物であり場であるということである。偉大な師について学ばなくとも、万巻の書物を読まなくとも、善太郎は、事上磨錬によって「君子」となったのである。

欲望には公欲と私欲がある。公欲は正・善で、私欲が悪・邪であることは明らかなことで、私欲を断って公欲に生きるのが、君子の道である。下村善太郎がそのように生きたことを、歴史家・磯田道史氏は「公人」と表現したのであろう。八王子時代に善太郎は「事上磨錬」によって「公人」になったのである。

善太郎は「商売を大きくするのも前橋のためである。おれは親から財産を貰って今日をなしたものではない。子孫のために美田を買う必要はない」と公言して事業を進めた。「善太郎はどうしてこういう哲学を得たのか。誰か師について学んだのか、どんな学問からそういう考えに至ったのか、子孫として純粋にそれが知りたいだけです」と、私は洋之助先生に何度も尋ねられた。いつも明確な答えは出せなかった。洋之助先生が自ら答えを見つけようとしたことが、本書出版の真摯な思いである。

＊　＊　＊

結びに、NHK大河ドラマ『花燃ゆ』のことに触れてさせていただきたい。下村家の皆様にご迷惑をおかけしたと承ったからである。

このドラマは三年前の平成二十七年（二〇一五）に放映された（一月四日〜十二月十三日、全五〇話）。主人公は幕末の思想家・吉田松陰の末妹の文（美和）で、井上真央さんが演じた。それに準ずる役は、義兄でのちに再婚相手となる群馬県令楫取素彦（小田村伊之助）で、大沢たかおさんが演じた。ドラマは幕末から明治維新期を描いたもので、山口県＝長州が舞台となった「幕末編」から、群馬県＝上州が舞台になった「明治編」へと展開する。

第一話から四〇話までが萩市を中心とする山口県が舞台で、第四一話から五〇話まで前橋市を中心とする群馬県が舞台の「群馬編」であった。ストーリーは、幕末の思想家吉田松陰のまいた種が、群馬県で主人公の文と夫となった県令楫取素彦によって開花するというものであった。私は群馬編の時代考証を担当させてもらうことになった。

楫取素彦が登場し前橋が舞台となれば、下村善太郎が登場するものと誰もが思ったにちがいない。私もそれを期待した。しかし、ドラマの制作サイドが望んだのは、大沢たかおさん演じる楫取と敵対する人物であった。ドラマは緊張、対立がないと成り立たない。制作統括の土屋勝裕さんに、楫取県令に敵対する人物はいません。下村善太郎はじめ県民は協力して楫取県令とともに群馬県を造り上げましたと申し上げたところ、それでは実在しない人物をと、阿久沢権蔵・せい夫妻が登場した。阿久沢権蔵は江守徹さんが、妻のせいは三田佳子さんが、それぞれ演じた。記者会見でも阿久沢夫妻は実在の人物ではないと発表され、NHKが用意した「花燃ゆ」の資料にもそう記されたが、阿久沢権蔵は誰がモデルか、下村善太郎ではないかという情報が飛び回った。

『花燃ゆ』で、実在の群馬県人として登場したのは、星野長太郎、新井領一郎兄弟、船津伝次平の三人だけであった。それも毎回登場した訳ではない。主役は、大沢たかおさん演じる楫取素彦、井上真央さん演じる文（美和）なので、二人を目立たせなければドラマにならないのだという。こうした理由で、残念ながら下村善太郎は登場しなかった。

そこで、三田佳子さん演ずる阿久沢権蔵の妻は、最初から楫取素彦・文（美和）の理解者的な立ち位置なので、下村善太郎夫人「せゐ」にちなみ「せい」と命名してもらった。これが誤解を招いた要因で、私が出すぎたことをしたので陳謝しなければならない。しかし、下村善太郎がいたからこそ、楫取県政はうまくいったので、そのことはドラマの最後に放映される「紀行」で取り上げてもらうことにした。

「花燃ゆ」紀行第四一回で、前橋市役所前に立つ下村善太郎翁像が映し出されるとともに、次のように紹介された。「…県庁舎を高崎から前橋へ移し、絹産業や教育の振興、鉄道の開通など群馬県の発展に努めた楫取。生糸商人・下村善太郎ら有力者たちはこれに協力し、楫取県令を支えました。楫取の退任後、下村ら有志はその功績をたたえ、石碑を建立。…」。

人口減少社会に向かって地方都市の置かれている状況は厳しい。県都前橋も然りである。前橋をこよなく愛した下村善太郎翁は泉下で前橋を見守っているであろう。第二の下村善太郎が救世主のように現れることは難しいことであろうが、善太郎翁の志や郷土愛を市民が分担することは可能である。そこにこそ前橋の未来がある。
本書をより多くの皆様にお読みいただきますことをお願い申し上げ、長くなりましたが、御挨拶とさせていただきます。

平成三十年九月吉日

手島　仁（前橋学センター長）

目次

目次

下村善太郎と若尾逸平

――初代前橋市長と初代甲府市長――

プロローグ

一八五九（安政六）年六月二日（新暦七月一日）、横浜が開港した。いまだ寂れた漁村の趣の残る横浜には多くの気鋭の生糸商人が集まり始めた。貿易の黎明期、いち早く情報を察知し、生糸や蚕種の売り込みで一財産を築こうという意欲に満ちた人たちが覇を競うようになっていった。

黎明期の横浜で、その中心的な存在となったのは、生糸の産地でもある上州と甲州の商人たちだった。

中でも両大関と並び称せられる存在にのし上がったのが、前橋の下村善太郎と甲府の若尾逸平である。

二人は、交通網や通信網のまるで発達していない時代にもかかわらず、類いまれな機動力と情報収集力を駆使して、機を見るに敏な行動で市場を制した。

二人には、共に手痛い挫折の過去があり、薄利多売の行商からスタートした。他人の何倍にも及ぶ刻苦勉励の果てに、ようやく商人としてある程度の信用と資本金を蓄えられたところで、開港の年を迎えた。

このとき、逸平三八歳、善太郎三二歳。

ここから、二人の人生が再スタートするといってもいい。

二人は生糸商としてお互いを意識し厳しい相場商売を勝ち抜いていく中で、それぞれ商売哲学を構築していった。

名実共に日本を代表する大商人となった二人は、その後、公益事業や政治といった、この時代の名望家に特有の道を歩み、単なる商人の枠から飛び出し、大きく前に進んでいく。

善太郎は、巨額な資産を投じ、他の生糸商人をまとめ上げて、ひたすら前橋の発展に全精力を傾けていく。

一方、逸平は甲府随一の実業家へと成長を遂げた後は、東京に進出し、同じ甲州の実業家たちを糾合して、鉄道・電灯・ガス事業などにおいて、ほぼ自分たちの仲間で首都圏を支配下に置くまでに成長した。これが、当時の日本経済の中で一大勢力を誇った甲州財閥であり、逸平はその総帥として大車輪の活躍を見せた。

生糸界の両巨頭と目された二人。共に初代市長に就任し、「公共の利益のため」という大義名分がありながら、その道のりは大きく異なった。

一方は前橋という故郷にこだわり、一方は故郷を飛び出て東京のインフラを制覇した。

この違いは、どこから生まれたのか。

前橋にこだわった善太郎は、結果的に生糸事業で築いた巨額な資産を一代で使い果たすほど、前橋の発展に私産を投じた。

果たして、善太郎や逸平を駆り立てたものはなんだったのか。

幕末明治初頭を代表する二人の生糸商の歩んだ希有な人生をたどることによって、その共通項と違いに迫っていこう。

第一章

若き日の挫折

大患を乗り越える

後年、甲州財閥の総帥にまで上り詰める若尾逸平は、文政三年十二月六日（新暦一八二一年一月九日）、甲州（甲斐国）巨摩《こま》郡在家塚《ざいけづか》村（現・山梨県南アルプス市）の没落した旧家の次男として生まれた。

在家塚村は、四方を高峰に囲まれた甲府盆地の西部の一角。白根山脈の前面に位置する河岸段丘上にあり、小石混じりの土地が災いしてか水の流れが乏しく、稲を作る灌漑水はもちろん、日常の飲用水にさえ苦労する土地柄だった。寛文年間、釜無川の水を富士川に誘導し、流域の二二カ村の用水に共用すべく造られた徳島堰に関わる水争いが、この地方には絶えなかった。

そんな在家塚村に居を構えていた若尾家の源流は、武田氏の一族、民部大輔信遠にある。信遠の孫に当たる藤三郎昌清が信玄の時代に武功を挙げて若尾郷を下げ渡され、若尾氏を名乗るようになったという。

藤三郎の後を継いだ弟新九郎春光の代に武田氏が滅亡すると、徳川氏に属し、本領を在家塚村に受けた。関ヶ原の戦いにも従い、戦後は帰農し、在家塚村に定着した。

逸平の父林右衛門は片田舎で朽ち果てるには惜しいほどの聡明な人物で、祖先の後を継いで村の里正《りせい》を務め、郡の総代にも推挙された。ことに村の重要なライフラインである徳島堰についてはひとかたならぬ精力を傾けた。普請役や争い事の交渉、訴訟など、自らの農業を差し置いて長年にわたって村人の代表として奮闘した。そのため、若尾家の暮らし向きは徐々に傾いていった。

林右衛門には妻きのがあり、長男林平をもうけた。そして、訴訟のために家を留守にすることが多かった時期に次男逸平が誕生した。産後の肥立ちが思わしくないきのは乳が少なく、逸平の発育も極めて不良で、林右衛門には「育ちそうもない」と見えた。

きのは病床から離れることができず徐々に衰弱し、翌年の秋には、夫と二人の幼子を残し、わずか二一年の生涯を終えた。

林右衛門は男手一つで農作業をしながら、二人の子どもを育てた。乳の粉で育てられた逸平は、近所の人からも「到底育つまい」と思われていた。しかし危機を脱し、粥や雑炊が食べられるまでに回復したが、痩せた体はそのままで、初めて歩いたのは四歳の春だったという。

その後、林右衛門は亡き妻きのの妹みきを娶《めと》り、みきとの間に千代と、後年、逸平の片腕となる幾造をもうけた。発育の良くなかった逸平は、他の子どもに比べて特に賢いところもなく、手先も不器用だったが、正直を美徳とし、恐ろしく物事に辛抱強い子どもに育った。負けず嫌いでもあり、剣豪宮本武蔵に憧れた。

弟や妹の面倒を見、農作業の手伝いに汗水垂らしていた逸平が寺子屋に通い始めたのは一二歳のときで、これは当時の常識からすれば極めて遅かった。

若尾家は貧しいながらも、家族六人仲良く暮らしていたが長くは続かず、逸平が一四歳のときに、後妻みきが病のため、姉に続いて三三歳の若さで亡くなってしまった。熱心に看病役を務めた逸平の悲しみはひとしおだった。

相変わらず徳島堰のことで奔走する林右衛門に代わり、林平と逸平の兄弟は農作業に明け暮れていた。向学心の芽生えてきた逸平は読書好きな青年に成長していたが、経済的な余裕のない若尾家ゆえ、学問の道へ進むことなど不可能だった。

軍談本などにも親しんだ逸平は、先祖の甲斐源氏から受け継いだ血が目を覚ましたのか、「宮本武蔵のような勇士になって、天下に名を挙げたい」という思いが芽生え、撃剣の稽古を思い立った。

稽古道具を新品で買い求める余裕のない逸平は、家の中にあった金具や古布で面を作り、竹刀も自分で削った。小手や胴なども廃物をかき集めて、それらしく加工した。早速、逸平は畑仕事の合間に、村の若者たちに交じって叩き合った。

　何事においても粘り強く工夫と努力を続けることが、幼少期からの逸平の真骨頂であり、撃剣にも真剣に打ち込んだ。周囲より上達が早く、半年ほどで自然と姿勢が整ってきて、二年も前から師について剣を習っている年長者とも互角に渡り合うほどになっていた。しかし、逸平の剣は我流だ。さらなる上達のためには、剣術の師の下で稽古に励まなければと考えた。逸平は父に相談して、隣村に開かれた服部益美という剣客の道場に入門することができた。畑仕事の合間を縫って、せっせと道場に通い、稽古に励んで、そのたびに剣法の幾分かでも会得しようと努めた。

　そんな生活を続けて逸平は一八歳の冬を迎えた。これまでたびたび不幸に襲われた若尾家。今度の不幸は、逸平本人を直撃した。病に倒れてしまったのである。医者の見立ては、傷寒。発熱が続き、日増しに逸平の体は衰弱していった。一時はもう医師も家族も諦めて、病床の周りで祈ることしかできないような状態が長く続いたが、奇跡的に少しずつ回復し始めた。三月になって徐々に春めいてくるとともに、逸平は起き上がることもできるまでに回復していた。ただ、せっかく鍛えた体はすっかりやせ衰えてしまっていた。

剣士の夢、潰える

九死に一生を得た逸平の考えには変化が訪れていた。剣士として身を立てたいという志を持ちつつも、農業や家のことに献身的に尽くしていた逸平だったが、志を完遂させたいとの思いを実行に移そうと考えたのだ。

「名だたる剣客が集まる江戸に行って、剣術の修行に渾身の力を注ぎ、自分も剣客として身を立てたい」

逸平は、このことを一心に思い込み、「たとえ一時は親兄弟を裏切ったとしても、最終的には喜ばせることができればいい」と決心し、どうやって家を抜けて江戸に出ることができるだろうかと思案し続けたのだ。

逸平は、偶然に納戸の床下から見つけてしまった壺に納められていた二五両という大金のうち、二両二分ほどを旅の宿賃にと懐にしまい、ある夜明け前、家の前に立った。菅笠を被って、風呂敷包みを背負い、脚絆、股引、草鞋ばきという姿で、しばらく家の前で逡巡したが、意を決したように江戸へ向かって歩き始めた。

村はまだ眠っていた。

当然、江戸までは歩きだ。甲斐国から駿河国（静岡県）に出て、東海道を江戸へ向かった。数日を費やし、ついに一八三七（天保八）年五月二十日、逸平は江戸の地に足を踏み入れた。

逸平は本所緑町、大久保加賀守の足軽を務める、甲州出身の坂本定七の家に身を寄せ、自分が仕えられる道場探しを始めた。七日ほど道場巡りを続けたが、まるで相手にしてもらえなかった。

逸平は道場を諦めて、武家に奉公することを考えた。そこで、定七が奉公先候補として情報を仕入れてきた材木奉行の清水新左衛門の屋敷で、小者として仕えることが決まった。

朝夕のお庭掃除や水まき、走り使い、どんなに骨の折れる仕事を仰せつかっても嫌な顔をせず、仕事に打ち込んだ。清水家の人々にもその働きぶりが評価された。しかし、逸平の望みは小者として評価されることではなかった。仕事の合間にご主人さまから剣術の稽古の一つでも誘われぬかと思っていたのだった。日がたつにつれて、清水家の当主が剣道の稽古をするようなことはまるでないことが分かってきた。当てが外れたと思ったが、せっかく見つけた奉公の口である。逸平は、まずここを拠点に江戸の生活に慣れた後、自分の望みにかなうような道場か奉公先を見つけようと考えた。

ある日、定七のところから「暇をいただいて、こちらへ来るように」との言づてがあり、「どこかに望みの奉公先があったのか」と期待しながら出かけた。

定七の家には、在家塚村の藤四郎がいた。定七は林右衛門を安心させるため、内緒で手紙を出していた。事情を知った林右衛門は、たまたま江戸に用事のあった藤四郎に「倅を連れて戻ってくるように」と託したのであった。藤四郎と定七は示し合わせたように、「親を安心させるために一度ふるさとへ戻れ」と言う。「親を棄て、自分ばかりが出世すればいいのか」と逸平の急所を攻めてくる。

それを言われると、逸平は返す言葉もない。しかも、江戸ではことごとく当てが外れ、将来が見えるわけでもない。思案に思案を重ねたが、結局、「故郷に帰るしかない」と折れた。

奉公して一カ月ほどにしかならない清水家に、逸平は「国元の親が病気だから」といとまを願い出た。清水家の人々、ご新造さんや娘さんまでが名残を惜しんで、「逸平、また来るだろうね」と言ってくれた。逸平は胸が締め付けられる思いで、志半ばというよりスタートラインにも立てぬまま、藤四郎と共に江戸を離れた。

失意のうちに江戸から戻った逸平は、何にも手が付かず、ただぼんやりと毎日を過ごした。ここ数年、抱えていた剣士にならんという夢が霧散し、これから先どうやって生きていこうか、まるで見えなかった。今まで燃えさかっていた熱が全く冷めてしまっていた。

戻ってきた在家塚村では撃剣が前よりいっそう盛んになっていた。逸平は道場巡りの経験から、いろいろな戦いを見てきた。実はそれだけでも剣術が上達したようで、周りからもある程度その強さを認められた。しかし、隣村の丑松なる大男に手ひどく打ち負かされてしまい、剣の道も最終的に断念せざるを得なかった。

すると剣の道具を処分してしまい、今度は、数年ぶりに昔の寺子屋の師匠、齋藤三省の下に通い学問を始めた。もちろん、悪いことではないが、江戸から戻ってきた後の逸平は家業の農業を全く手伝おうともしなかった。

学問も長くは続かず、ある日を境にぱったりとやめて、家事も農業もせずぶらぶらと過ごした。剣客として身を立てようと志すも挫折し、学問に打ち込んでみたが、これも逸平の心を満足させるようなものではなかった。かといって、生涯土を耕して生きていこうというつもりはまるでなかった。

二一歳から二二歳にかけて、自暴自棄になっていた逸平は、仲間と喧嘩口論はもちろん博打にも手を出す、たまに農作業を手伝っていたかと思うとどこかへ遊びに行き二日も三日も帰らない、林右衛門や兄林平が意見しても馬耳東風といった有様だった。まるで先行きの見えない堕落した毎日を送っていた。人生の目標を見失ってしまっていたのだ。

少年時代から垣間見せた商売の才能

若尾逸平の誕生から七年後、一八二七（文政十）年四月二十八日、下村善太郎は上野国前橋本町（現・前橋市本町）において、父・重右衛門、母・よしの長男として生まれた。幼名は定之丞といった。この年、後に「明治の父」といわれる幕臣・小栗上野介忠順や「明治の三傑」といわれる西郷隆盛が誕生している。定之丞の誕生から一カ月半後には、英国軍艦ブロッサム号が小笠原諸島に来島し、艦長のフレデリック・ウィリアム・ビーチーが小笠原諸島の領有宣言を行った。頻繁に外国船が日本周辺に訪れるようになり、日米和親条約の二十数年前、既に近代化する世界の潮流に組み込まれる兆候が見え隠れしていた。

重右衛門は信州小諸城下の蒲原家の出身で、幼名を市兵衛といった。伝承では、信濃国の村上を遠祖とするとされる。残された位牌には「佐久郡小諸城下蒲原家蒲原四良右衛門光廣」の記載がある。古文書によると、一六〇〇（慶長五）年には小諸藩士として、佐久市の根井地区で検地測量をしていた人物に蒲原四郎衛門の名が見える。この人物が重右衛門の先祖ということになる。

重右衛門は下村善右衛門（善太郎の祖父）の実子よしの婿に入った。善右衛門は、勢多郡木瀬村大字長磯村（現・前橋市）で農業を営んでいたが、農業を嫌って離村し、前橋本町で小間物商、三好屋を開業した。

三好屋は地元では「みよぜん」と呼ばれ繁盛していたが、家業を継ぐ男子が生まれなかったので、市兵衛を娘よしと結婚させ、重右衛門と改名させた。重右衛門とよしは一男一女をもうけた。善太郎（定之丞）と妹・サクだ。

武家の血と商家の血、両方が流れていることが、どのような影響を与えたのかは分からない。善太郎は幼時から背が高く、極めて利発で、子どもとは思えないくらいに知恵者だった。同時に大胆で腕白者でもあった。すでに、周囲の子どもたちとは比較にならないような「大物」のオーラを漂わせていたようだ。

重右衛門は善太郎を手習いの師匠の下に通わせたが、学問はそっちのけ。腕白者を集めて悪戯に熱中。お師匠さんも呆れる有様で、父重右衛門に言った。

「定之丞さんのお世話はこれ以上できません」

言ってみれば、寺子屋の放校処分である。当時、商家では学問はさほど重視はしていないから、下村家では善太郎の寺子屋行きは断念した。以降は、家で商売の手伝いをさせた。商売に関しては、機知に富み全く抜け目がない。周囲からは、早くから商人としての将来性を嘱望されていた。

近代以前の日本は、結婚が早かった。特に女性は十代で嫁ぐのが普通。一八四三（天保十四）年、善太郎はせゑと結婚した。『下村善太郎と当時の人々』によれば、このとき、善太郎一七歳、せゑ一六歳とあるが、これは数え年なので、一八二七年生まれの定之丞一六歳となる。せゑは一五歳だろう。

せゑの父小泉長七は、前橋立川町で荒物屋をしていて、前橋でも屈指の人物と評判だったという。せゑは評判の美人だっただけでなく、そんな父の下で教育されたためか、性格はさっぱりとして賢く、心優しい女性に成長していた。

弱冠一六歳にして結婚したことにより、善太郎は社会的にも一人前、大人の仲間入りをしたわけである。結婚と同時に家業を継いで、善右衛門（以降も善太郎と表記）と称した。

夫婦仲は良好で、結婚の翌年には長女ちかが生まれた。しばらくの間は、引き継いだ小間物商を営み、幸福な生活が続いた。

暗転する生活

幕末は、一八三七（天保八）年に起こった大塩平八郎の乱から始まったとする説がある。つまり、太平の世の終わりの始まりである。

一八四〇年代に入ると、イギリス、フランス、アメリカなどの軍艦が、相次いで日本に来航している。四四年にはオランダ国王が開国を勧告し、四六年にはアメリカ東インド艦隊司令官ジェームズ・ビドルは浦賀に来航し通商条約を求めた。もちろん、そのいずれをも幕府は拒絶した。五三年の黒船来航以前に、実は日本はすでに開国を迫られていた。鎖国体制は緩み始めていたのだ。

同時にこの時代、水戸藩主徳川斉昭《とくがわなりあき》の下で藤田東湖らが唱えた尊王攘夷論が登場してくる。

幕藩体制の緩みとともに、地方には無頼の徒が跋扈《ばっこ》するようになったが、皮肉にもそういった連中の歯止めとなっていたのは、幕府の役人ではなく、大前田英五郎や国定忠治といった大侠客《きょうきゃく》たちだった。忠治に至っては、天保の大飢饉に際して農民への救済を行っていた。

英五郎や忠治の勢力拡大は、上州を賭博《とばく》の盛んな土地へと導いた。この頃の上州では、賭博を知らないものは皆無といってもよく、賭博を行うことが罪悪だという価値観はなかったようだ。

一方、善太郎といえば、幼少期から周囲を圧倒する知恵者であり、腕白者。小間物屋の経営で満足できるような器ではなかった。では、何をやればいいのか。二十歳前後の若造に過ぎない善太郎には、それが分からなかった。

賭博が横行する風土の中で、善太郎は米相場にのめり込んでいった。知恵者と言われた善太郎のこと、家業の小間物商では飽き足らなかったのか、投機性の虜になったのか。善太郎は大きな金額が動く魅力にはまってしまったのだ。

最初は祖母のきせが善太郎に資金を融通してくれた。きせは祖父善右衛門の後妻で、善太郎と血のつながりはないが、この上なく孫を可愛がった。善太郎の両親に金は渡さぬが、善太郎には渡した。

その金の範囲内で楽しんでいるうちは良かったが、やがてさらに手広く米相場に資金を投じるようになった。果ては仕事を放りだして夢中になり、妻せゑや親戚らの進言にも聞く耳を持たなかった。

米相場に限らず、右肩上がりに上がり続けるものはない。常に暴落の危機がある。バブルとは、必ずはじけるもの。善太郎が資金を投じていた米相場も、やがて暴落してしまった。

善太郎は、米相場の失敗で少なからぬ負債を抱えた。彼の行動を見てきた親戚には、交流を絶つ者もあった。機知に富み才能あふれる人物という評判で前途洋々に思えた善太郎だったが、信用は地に落ちた。家屋敷も抵当に入れられ、身動きはできない。

そのまま身を持ち崩してどん底にまで落ちていってしまう人も多いだろうが、生来、聡明な善太郎は違った。このままで終わってなるものかという反骨心が芽生え始めていた。それには、いったん、前橋を離れ、新しい土地で再起を図るのがいいだろうという考えである。

第二章

捲土重来を期す

不意に家を出ては遊び回ったり、田舎芝居の役者にまでなったりして、ぶらぶらしていた若尾逸平だったが、やがて正気を取り戻した。

行商人からの再起

二二歳の初夏のことだった。だれでも多かれ少なかれ、回り道はするものだが、逸平ほど紆余曲折の人生を歩んだ者はそういない。

逸平は行商で身を立てようと考え、その意志を父の林右衛門に打ち明けた。最初は疑っていた父も逸平の熱意を信じた。

行商に出ることを宣言した逸平は、すぐに実行に移す。商売の手始めに、まずは自宅の敷地内に植えられていた二〇本以上もある桃の木に実っている、ちょうと食べ頃の夏桃で一儲けしようと考えた。

馬に積めるだけの桃を荷造りし、自らも担いで、馬子と共に信州街道を北へ進んだ。日本一の剣客になるつもりで家を出た時から四年の歳月が過ぎていた。

家を出た翌日、上諏訪まで来ると、一荷目の桃はほとんど売れたが値が安い。「もっと高く売らなくては」と焦った逸平は、上諏訪から下諏訪に移動して販売を試みるも値は相変わらず芳しくない。だから、安い値では売らずに塩尻に一泊して、松本まで歩いた。松本では、ある果物店で買ってもらおうと、勢い勇んで荷をほどくと、ほとんどの桃が傷んでいた。暑さが原因だった。

仕方なく、町内でほとんど捨て売りのようにさばいた。馬子に駄賃を払うと、国へ帰るための宿泊費さえない有様だった。可愛そうに思った果物屋の主人が、残りを六百文で引き取ってくれ、なんとか帰りの旅費を工面できた。逸平の行商第一歩は無残な失敗に終わった。

逸平の強みは簡単に諦めない強靭な意思力である。とはいえ、資本が全くない。桃の行商で資本を蓄えるというもくろみも外れた。親兄弟に再び頭を下げることすら気が引けたが、逸平はもう一度父に頼み込み、ようやくのことで三分の金をもらうことができた。

今度は同じ失敗を繰り返すわけにはいかない。逸平は慎重に仕入れるべき商品を検討し、この地方一帯の産物として知られた葉煙草を仕入れた。

粗末な地織り木綿の単衣物に、浅葱《あさぎ》の股引という姿で、浅葱の木綿風呂敷に葉煙草を詰め込んで背負った。行商を始めるに当たって、逸平は自分の商売スタイルについて真剣に考えた。

「どこまでも正直に手堅い商売をしよう。悪い品物を高く売りつけて、二度とその家に足を向けられないような商売は絶対にしない。良い物を他よりも安く売って、長いお付き合いができるような商売、何日でも自分が回って行くのを待っていてもらえるような商売をしよう」

これが逸平の営業方針である。逸平はこの方針をきっちりと守りながら、甲州の北部を流れる逸見《へんみ》、武川《むかわ》の両筋をはじめ、中郡《なかごおり》、そして東郡《ひがしごおり》から郡内《ぐんない》地方へと毎日根気強く葉煙草を売って歩いた。また、葉煙草の行商で東郡に行くと、帰りには真綿を仕入れて西郡《にしごおり》で売り歩いた。

こうして二カ月のうちには、方々に「飯でも食っていかないか」と声を掛けてくれるような顧客ができた。三分の資本で始めたのが、二カ月後には十両に増えていた。逸平は商業こそ自分の生きる道と思い、日々鍛錬を積んでいった。

翌一八四二（天保十三）年になると、逸平は四方を山々で囲まれた甲州の狭い土地を回るだけでは満足できなくなった。この年三月、逸平は江戸まで行商の足を延ばした。甲州から真綿や繰綿、篠巻、煙草などを担いで行って売りさばき、甲州で最も需要がありそうな品々をその時々に江戸で仕入れて、甲州の顧客の元を訪ねて売り歩いた。逸平は薄利多売を基本に、良い商品を安価に売ったから、どこに行っても飛ぶように売れた。だから、すぐに江戸に戻ることとなった。

この年、幕府は一八二五年に発令した異国船打払令を廃止し、代わりに遭難した船に限り補給を認めるという薪水給与令を出した。外国船の出没が頻繁になり、時代は確実に変わろうとしていた。しかし、このときの逸平はいまだ外国のことにまで思いは至らない。商人として身を立てることに、ただただ必死の日々を送った。

逸平は頻繁に江戸と甲州を往復した。こう言うのは簡単だが、実際には一三〇キロ以上もの距離がある。笹子峠や小仏峠といった難所もある。これらの峠では山賊やクマに襲われることもある。雷雨に見舞われ、商品が台無しになってしまったこともあった。さすがにそのときは、逸平も泣いたが、すぐに甲州の家に戻ったかと思うと準備を整え、電光石火、江戸で同じ品物を仕入れ、再び甲州に戻って商売したというから、並大抵の気力と体力ではない。猛暑の中、釜無川の河原を延々と歩き日射病に罹患してしまったこともある。このとき、「将来、金持ちになったら橋を架けよう」と決心し、後年、実行に移したことが知られている。

これだけの距離を歩いて往復するというような荒行は、なかなか一般人では考えもつかない。逸平はそこにビジネスチャンスを見いだした。そして、それを実行した。並外れた脚力、意思力を備えていた。しかし、意志の強さと体力だけで勝負したというわけではなかった。逸平は商売をしながら、みるみる商才を発揮できるようになっていた。

行商を始めて五年、逸平は一五〇両の資金を有するひとかどの商人になった。

手堅い商売を行う逸平の評判は、近在にとどろくようになっていた。行商で知り合った人の中には、「逸平を婿に」という者もいた。その一人が、在家塚村から南に一里ほど離れた小笠原というところで、質屋と古着屋を営む常磐所左衛門だった。逸平の評判を聞きつけた所左衛門は、三人娘のうち、美しいと評判の長女おたつを逸平の婿に迎えようと考えた。こうした経緯もあり、一八四七（弘化四）年、逸平二八歳のとき、若松屋に婿入りした。

度重なる失意ものともせず

おたつは一六歳、見とれるほどに美しい女性に成長していた。対して、年齢も離れた逸平は身長も低く、小太りした体型、決して男前というわけではなかった。近所の人たちからは「いくら働き者とはいえ、おたつちゃんにあんなお婿さんじゃ、かわいそう」などと陰口も叩かれた。しかし、日を経るごとに夫婦の仲は、むつまじくなっていった。

これまで多年にわたって行商生活を送ってきた逸平だが、初めて店舗での営業に携わることとなった。行商で鍛えた販売力はここでも生かされることになったが、困ったことがあった。傍目には繁盛していると見えた若松屋だったが、実情は火の車、資本などろくにない状態だった。

逸平は懸命に働いた。逸平の獅子奮迅の働きぶりから、やがて周囲の商人たちの信用も増し、資本を融通してくれるようになった。若松屋は、逸平の活気が伝染したように明るいお店になった。婿入りして五年ほどが経つ頃には、すっかり盛り返していて、逸平を婿に迎えた若松屋の家族一同も大いに喜んでいた。

だが、それも長くは続かなかった。結婚六年目、妻おたつが番頭と不義をはたらいていることが分かった。

さすがの逸平も怒りに打ち震えた。

「おのれ、不埒至極な奴め、真っ二つにしてやる」

だが、ここで一時の激情を優先させず我慢したことが、逸平を救った。

「ここが思案のしどころ。一時の怒りにとりのぼせて、取り返しの付かないことをしでかしたら、大切な一生を棒に振ってしまうではないか。世の中に女はあいつばかりじゃない。性根の腐った女に思いを残すよりは、男に生まれてきたからには一番腹を大きく持って、世に立つ献立を考える方が利口だ」

思い直した逸平は、その年の末まで半年がかりで、若松屋の借金もすべて清算し、財政上の整理を付けた。すべてをきれいにした上で、結婚七年目となる新年、怒りを抑えて理由一つ言わず離縁を申し出た。義理の両親が熱心に引き留めるのも一切拒んだ。七年間わが家として暮らした若松屋を立ち去るときは、さすがに逸平は胸が張り裂けるような思いに駆られた。

逸平は在家塚の実家に七年ぶりに戻った。過去の苦労は水の泡、三四歳にして、またゼロからのやり直しだ。

だが、逸平にとって、この七年間は、若松屋で商売の基本を徹底的に学んだ歳月でもあった。決して無駄だったわけではない。

「正直を根底に真面目に働きさえすれば、金はまたきっとできる。商人は信用が第一で、あいつなら大丈夫と他人から見込んでもらえれば資本はどうにでもなる」

若松屋での経験から、逸平には確信めいた思いが芽生えていた。

逸平は若松屋時代からの取引先であった両国屋喜兵衛と組んで、綿を商う話が進み、両国屋に近い一室を借りて、仮の住まいとした。

逸平は、甲斐国をはじめ遠江国や駿河国の産地から繰り綿を仕入れ、土地の商人に依頼して加工した大判、小袖、中綿、篠巻などを買い入れて、武蔵国その他で売りさばいた。

天秤棒一つから身を起こして大身上をつくりあげた両国屋喜兵衛だけに商業上の駆け引きは一流で、逸平は喜兵衛の指揮に従った。同時に逸平は、喜兵衛から商売のいろはを学び取っていった。

両国屋と組んだ最初の年、逸平は多くの利益を得ることができた。しかし、翌年は不振だった。武州で売り歩いていた逸平が、ある時、小笠原の両国屋に戻ると、喜兵衛が待ち構えていた。

「この三〇駄の繰り綿は、おまえさんの分け前だから、早速に引き取ってもらおう」

と言った。逸平は「少し多すぎるのではないか」と思いもしたが、自分の分け前とあらばと仕方なく引き取った。

それから、二日も経たぬうちに、繰り綿の相場が大暴落。それまでに繰り綿で儲けた利益はもちろん、結婚前に行商で蓄えていた一五〇両さえもすべて吐き出すような損害である。

逸平は喜兵衛に状況を訴えたが、逸平がすべての資本を失ったことを知ると、冷淡に突き放された。後で分かったことだが、前もって繰り綿の暴落情報を得ていた喜兵衛が逸平に押しつけたものだった。

「よくもおのれ！」

逸平は、はらわたの煮えくり返る思いだったが、こらえた。両国屋は、逸平が若松屋の婿になった当初から自分を信じて資本を融通してくれた恩人でもある。

「一時の恨みをもって、永年の徳に背くようなことをしてはならん。これまで通り働きさえすれば、すぐに金はできる。このまま何も言わずに堪忍しよう」

逸平は何も言わずに小笠原を去った。再び元の一文無しに戻ってしまった。

元に戻ったと言っても、逸平にはそれまでに築いてきた商売上の信用という何物にも代えがたい財産があった。ある人から五〇両を借りることができ、その金を持って甲府に出た。両国屋の親類でもあり、逸平もかねてから顔見知りだった近江屋丈助の家の二階に部屋を借りて、根城とした。新しい商売の始まりである。一八五四（安政元）年のことであった。

五十両を資本に、笹子峠や小仏峠を越え、武州八王子に通った。八王子周辺の織物や小切類、博多帯、武州蕨、高機織などを仕入れて、甲府をはじめ近郊の得意先に卸した。甲府を拠点にするのは初めてのことで、最初取り引きを始めるのには苦労したが、粘り強く商売を続けているうちに、逸平の商う商品は、品質が良く、しかも価格が安いことが知られるようになり、自然に品物がよくさばけるようになっていった。

通常の商人なら、八王子で仕入れたものを甲府まで運ぶことに対して運送料が加算されるわけだが、なにしろ逸平は自分の足で運ぶわけだから、その分でも余計な経費を抑えることができた。

甲府八王子間は約二四里というから、現代流に言えば九五キロほど、この距離を逸平は一日で歩いた。八王子での仕入れを日常的に繰り返したというのだから、信じられない体力といえよう。

持ち前の忍耐力を発揮して、逸平は三年間というもの脇目も振らずに働いた。五十両の資本は、八百両にまで増えていた。

手堅い商売で成功を収めつつあった逸平だが、離婚して以来、独り身のままだった。逸平が懇意にしている近江屋丈助や桔梗屋藤右衛門の両人は、そんな逸平のことを何かと気にかけ、良い縁談がないか常に目を見張らせていた。そんな経緯もあり、逸平は良縁を得て、一八五七（安政四）年八月、三六歳で結婚した。

相手は、甲府下一條町の名主を務めていた細田利兵衛の娘はつ。二二歳、美貌で素直な性格、料理裁縫にも秀でていた。逸平とはつは、近江屋の隣の家を借り、新居とした。この頃の逸平は千両近くの資産を築いていたとはいえ、その大部分は商品や売掛代金となっていたから、財布の中身は空ということも珍しくなかった。二人は質素倹約を旨とした。堅実な妻はつに留守を任せ、逸平は安心して家を空けて商業に全力を注ぐことができた。

ところで、逸平は義理人情に厚い性格だった。逸平が去った後の若松屋は、元妻のおたつ、そして舅の所左衛門が次々と亡くなっていた。おたつの妹の一人が婿をとって後を継いでいたが、商売はうまくいかず、家も荒れ果てていた。そんな状況を知った逸平は若松屋を訪れ、後を継いでいた義弟に商売の基本と資本の大切さを丁寧に教え、資本として二〇両を与えた。その後、若松屋は稼げるようになっていったという逸話も残されている。

商人として成功しつつあった逸平は、それまでの山あり谷ありの人生から、資本の重要性、ありがたみを痛いほど知り抜いていた。

「冗費を省いて有用の資に充つ」

これが、逸平の金銭観念だった。自分は「ここぞ」と思ったときには惜しみなく資金を投じ、惜しむべきところには一文といえども出し惜しみした。義弟への二〇両提供に加え、妹の家庭が苦境に陥ったときには百数十両を提供して救った。まだ、逸平の資本自体が八百両ほどしかないときのことだった。

一方、新たに住んだ甲府の地元での道祖神の祭礼では、世話人となるのに一両が必要だったが、逸平の価値観では、その祭りに一両を出す必然性を見出せず、世話人となることをやめた。

「町内の者たちが集まって飲み食いに金を使っているだけ」というのがその理由だった。

翌年（安政五）年六月のある日、逸平は在家塚村の実家に帰省し、家業の農業に従事していた弟の幾造に言った。

「どうだ、幾造、甲府に出て、俺と一緒に商売をやって、うんと稼いでみようという気はないか」

幾造はこのとき二九歳、既に妻帯し、一男一女をもうけていた。兄逸平の言葉に心動かされた幾造は、父の了解を得て、商売の道へ転身することを決めた。

この頃、日米修好通商条約の調印が目前に迫っていた。横浜の開港はこのときから一年後の六月七日（新暦七月一日）である。

逸平と幾造の兄弟は、一心同体となって働いた。逸平は心強い片腕を得て、商業界で新たな段階に飛躍する準備を整えていた。


「新天地を開拓し、必ずや故郷に錦を飾る」

故郷を離れ八王子へ

下村善太郎は固い決意を胸に、妻せゑの兄小泉茂七を訪ねた。糸繭商を営む茂七に、善太郎はいままでの自堕落な行動を深く謝罪し、新天地で再起を図るという決意を打ち明け、紹介状を願い出た。

茂七は、義弟の決意を喜んだ。生糸や織物業が盛んな八王子で生糸商を営む絲屋源兵衛に当てて紹介状を書いてくれた。絲屋源兵衛は、時澤（現・前橋市富士見村）の出身で、せゑの伯父の世話を受けて身を立てた。八王子で二、三本の指に入る規模の商人に成長していた。

茂七という人物もなかなかの大物で、その紹介状の文面を見ただけでも、一筋縄ではいかないことが分かる。

「この者は私の弟です。なにとぞご面倒をおかけしますが、お世話くださるよう、くれぐれもお願いいたします。ただし、金銭につきましては一切お貸ししないようお願いいたします」

もちろん、資本が借りられないということは決して小さな問題ではない。それよりもこのときの善太郎は、新天地への期待が勝っていたから、意に介さなかった。

善太郎が妻せゑと長女ちかを伴い前橋を出立したのは、一八五〇（嘉永三）年九月十八日の明け方、善太郎二三歳のときのことだ。

商売を始めようという善太郎の所持金は、わずか六両二分と四百文に過ぎなかった。自宅までが抵当に入れられてしまっていたわけだから、それも仕方がない。

善太郎を深く愛する祖母きせからもらった夜具布団を番頭に背負わせて、歩いて行った。前橋から籠原まで歩き昼食をとり、その日の夜は熊谷宿に泊まった。番頭を前橋に戻し、翌早朝、雇った人足に荷物を持たせて、松山までたどり着いた。そこから先は、善太郎自らが荷物を背負って、その日の夕刻には八王子に着いた。

早速、絲屋源兵衛を頼った善太郎一家は、数日後、源兵衛の紹介で横山町の長屋を借り受け、落ち着くことができた。八畳間と台所があるだけの狭い家だ。家賃は一カ月六百文。ここまでたどり着く間の船賃や宿泊代、昼食代、そして畳など家財道具一切に金を払ったため、六両二分と四百文の金は、三分と五百文を残すのみとなっていた。

さすがにこれだけの金では、家族三人が暮らしつつ、新たに商売を始めるには無理があった。善太郎はたったこれだけの金で熨斗糸《のしいと》の商いを考え、仕入れを始めた。熨斗糸は屑《くず》絹糸の一種で、繭の緒《いとぐち》を求めるときに取った糸を引き伸ばしたもので、紡ぎ糸の原料になる。しかし、いくら屑糸の一種とはいえ、三分ほどの資本ではどうにもならない。

はなから行き詰まりは見えている。そんな状況を見た妻せゑは、前橋から持ってきた紬《つむぎ》の衣類数枚を担保に源兵衛から三両を用立てて、夫に渡した。

善太郎は朝は必ず三時から四時までに起きて、人知れず住まいのある表通り数町分をきれいに掃除してから、弁当を持って商売に出かけた。これは彼の日課で、周りに住む者たちは、なぜ通りがきれいになっているのか不思議がっていたが、後年になって善太郎の行動だと分かったという。

ともかく、善太郎は懸命に外商に励んだ。せゑも内職の針仕事を夜中までこなして支えた。もともと知恵の働く彼のこと、屑糸という薄利多売の商売を続けて、翌年には二五両の資本を残すまでになった。

八王子に出てきた二年目の一八五一（嘉永四）年三月、前橋にいったん戻った善太郎は義理の祖母きせを籠に乗せて八王子に連れ帰った。このとき、高齢のきせは視力を失い、盲目となっていた。八畳の狭い長屋で三人の親子に加え、祖母きせ。ただでさえ、狭い空間はより不自由になった。せゑは、毎晩深夜まで夜なべ仕事を行い、必死に家計を支えた。

死線をさまよう、江戸で挫折する、離婚する、騙される、といった若尾逸平の度重なる苦難に重なるところがあるが、善太郎の道のりもまた右肩上がりとはいかない。

二五両の資本をため、ようやく一息つき、多少なりとも日々の生活に余裕が生まれ、光明が見えた下村家。しかし、当主たる善太郎が八王子全域に猛威を振るっていた悪疫に罹患して病床に伏してしまった。二五両の金は、そのための治療費や仕事ができない間の生活費に消えた。せゑは他家の洗濯裁縫の依頼に応えるという内職を行って生計を支える有様だった。また元の困窮生活に逆戻りだ。

幸いにも善太郎は全快した。彼は少しも落ち込むことなく、病が癒えたことを喜び、源兵衛から資本を借り受け、再び熨斗糸商の仕事を再開した。

善太郎は以前にも増して、仕事に励んだ。暗いうちに家を出て暗くなってから帰ってくる毎日。熨斗を買い集めるため、歩きに歩いた。その距離、毎日必ず一〇里以上に及んだ。買い集めながら二百文以上の儲けに相当すると判断できるまでは昼の弁当を食べない。昼食の時間が二時になることも珍しくはなかった。黒船来航で世間が騒がしくなった一八五四（安政元）年には、百両の資本を積み上げることができた。

ある程度資本が積み上がってきてからも、せゑは内職を続けた。善太郎が稼いだ儲けは、すべて商売上の蓄えや買い入れのための資金に用い、家族の生活費は、せゑの内職でまかなった。

こうした善太郎の仕事に対する姿勢と実績を見るにつけ、絲屋源兵衛の彼に対する信頼はますます篤くなった。多額の資金を融通してくれるようになった。そうすると、善太郎の事業は一段高いところに飛翔していく。善太郎は元々屑糸の商いからスタートしていたが、屑糸にとどまらず、木綿反物や絹織物にまで範囲を広げることができるようになった。

生糸商人として頭角を現す

それまで、善太郎はひたすら地道に歩いて距離を稼ぎ勤勉に働き、誠実な商売に徹してきた。そんな姿勢が周囲の信頼を獲得してきたわけであるが、彼は少年時代から、その頭の鋭さから将来を嘱望されてきた人間でもあった。ある程度の資本を得て商売のステージが上がるにつれ、その知力が商売にも発揮されるようになっていった。

綿反物や絹織物を扱う商人は数多くいたが、知恵者だけに善太郎の商売方法はひと味違っていた。

この時代、商人は仕入れや行商に出るにしても当然歩きしか方法がなく、商品を持ち歩く量にも限りがあった。普通の人は、一日に百反の織物を買い集めると、それ以上は持つことができなかったので、もう家に帰るしかなかった。

善太郎は、その十倍に当たる一千反を一日に買い集める方法を考えた。普通の人と同じように動いていては、多くの利益は望めないと思ったのだ。

彼は自分の営業範囲の各地で、懇意にしている茶屋に交渉して場所を確保し、百反に達するとその茶屋に商品を預け、また別の場所に行き、そこで商品を仕入れる。善太郎は、こんなふうに人の十倍の商いを行う方法を考案したのだった。こうして、善太郎の商いは、屑糸時代の地道な薄利多売から急速に規模を拡大していくことができた。

やがて、善太郎は繭を仕入れて生糸に製造した上で販売する生糸商人となる。

ある時、武蔵の大沼田（現・小平市）に足を延ばすと、そこではいまだ繭の売買が行われていなかった。養蚕農家が自ら繭を座繰りで糸を引くというのが主流だった。そこで、善太郎は生繭を買い取る交渉を村人に持ちかけると、彼らはこぞって応じてくれた。全村の繭を買い取って、八王子に持ち帰って販売し、莫大な利益を上げることに成功した。

八王子では、既に一九世紀前後になると、養蚕・製糸・織物の地域間分業が展開されるようになっていた。善太郎は生繭を買い取って、それを糸引きに賃引きさせる。そして、それを織物業者などに販売する商いを思い立った。

善太郎は絲屋源兵衛にも相談し、秩父や大宮、八幡（現・八潮市）、本庄、藤岡、高崎などでも繭の買い入れに奔走し、買い集めた繭を賃引きさせて生糸とし、生糸を販売して巨利を得ることに成功した。

前後するが、八王子は従来から「桑都」といわれるほどの養蚕地帯でもあった。また、甲州街道の宿場として、多摩方面では最も大きい、物資の集散地だった。そのため、有力商人も集まっていた。毎月四と八の日に開かれる六斎市もあり、生糸からはじまって紬、紙、麻、木綿、食料品など、さまざまな商品の取引が行われていた。

八王子がこのように商業が活発で、交通の要衝であったこと、「桑都」といわれるような土地柄であったことが、善太郎の商売にも間違いなく好影響を与えた。屑糸の商売からスタートした善太郎が徐々に資本を蓄え、繭と生糸の取り引きにシフトしていくことも自然な流れだったといえるだろう。

生糸商人としてのスタイルを確立した善太郎は、一八五七（安政四）年には三百両を超える資金を得ていた。前橋を出立して七年、ごくわずかの資本を元手にした屑糸商から、ひとかどの生糸商人へと成長した。

時代は二年ほどさかのぼる。一八五五（安政二）年十月二日、生糸の売り込みで江戸までやってきた善太郎は定宿の馬喰町梅屋治兵衛方に泊まろうと、草鞋を脱いだ。だが、この日ばかりはなぜか急にわが家が恋しくなって、宿泊をやめて宿を出立した。

その三時間後、江戸を襲ったのが安政江戸地震だった。この大地震で江戸は震度六を記録したと推定され、当然、耐震性も低い江戸の家々は倒壊した。善太郎が泊まる予定だった梅屋治兵衛の家も倒壊してしまった。この地震で一万人ほどの住民が亡くなったとされ、小石川にあった水戸藩邸が倒壊し、藩主徳川斉昭の腹心で、水戸の両田といわれた戸田忠太夫、藤田東湖らが死亡したことでも知られる。前年から日本には地震が頻発し、前年六月には安政伊賀地震、十一月には安政東海地震、安政南海地震、豊予海峡地震など、大きな被害を出した巨大地震が立て続けに発生していた。

歴史にイフは禁物だが、このとき、善太郎が江戸にとどまっていたならば、善太郎の人生はもちろんだが、前橋が県都になること、前橋の大いなる発展もまた違ったものになっていたかもしれない。

ともかくこうした天佑も味方にして、善太郎はさらに商売に邁進した。

八王子に来てしばらくの間は、最初の貸し家である八畳間に台所が付いただけの長屋暮らしが続いていた。六年目になって、ようやく二軒長屋の壁を打ち抜いて一軒にした家を買い取って、造作類を一五両で買い集めて新居とすることができた。

あるレベルまで商売の規模や信用が大きくなると、ますます加速していく。八王子の寺町の豪商、谷村文造が善太郎に惚れ込んだ。

「いまどき珍しい若者だ」

善太郎を賞賛し、巨額の資金を提供してくれた。善太郎としても一層の飛躍を画策していたときだったので、文造の申し出は願ったり叶ったりだった。

善太郎は、この資金を元手に、甲州方面にまで生繭の買い入れに全力を注いでいき、さらに商売を拡大した。

一八五七（安政四）年といえば、翌年の日米修好通商条約の締結を控え、日米の通商交渉が盛んに行われていた時期だった。この時はまだ条約締結後の貿易で生糸が主役になるという情報は全く流布されていなかった。もちろん、善太郎も生糸の輸出にまで考えは至っていない。

とはいえ、生糸商として生繭の買い入れルートの拡大、生糸製造のネットワークなど着実に地歩を固めつつあった。準備は着々と進んでいた。善太郎はようやく三〇歳になったところだった。

第三章　横浜生糸市場の旗手となる

甲州の若尾逸平、八王子の下村善太郎の二人が、苦境を乗り越えて商人としての地歩を固めつつあった一八五八（安政五）年、社会は激変の真っただ中にあった。

激変する世の中

この年、黒船の来航以来、勃興し始めた尊王攘夷派は通商条約の交渉が始まると、反対活動を激化させた。

三月には孝明天皇が条約の勅許を拒否した。翌月、大老に就任した井伊直弼は、六月になると無勅許のまま日米修好通商条約に調印した。「無勅許調印は不敬」だと、直弼を詰問するため不時登城に至った一橋派の徳川斉昭、徳川慶篤、徳川慶勝、松平慶永らを直弼は隠居謹慎とした。これが「安政の大獄」の始まりで、直弼は、条約の調印に反対した一橋派を中心とする藩士や藩主たちを次々と死刑や隠居・謹慎に処していった。安政の大獄は、翌々年三月三日、桜田門外の変で井伊直弼が暗殺されるまで続いた。

そして七月以降、幕府はオランダ、ロシア、イギリス、フランスなどと次々に通商条約を締結した。

世の中が騒然とする中、逸平や善太郎はあたかも自ら仕事のことしか関心がないかのように日々商業活動に情熱を傾けていた。しかし、彼らは多年にわたる商業活動で得たノウハウとして、だれよりも情報収集能力に優れていた。何よりも商業活動の一環として、二人はたびたび江戸を訪れていた。当然、世の中のこうした動きは熟知していただろう。

ただ、一八五八年のタイミングでは、おそらく不平等な条約となるであろうと予想された日米修好通商条約に反対する攘夷派の動きを前に、海外貿易を開くエポックメイキングな出来事が進行しつつあるという認識はまだなかったのではないか。

そんな世の中を見ながら、二人は日々の営業活動を積み重ねる中で、資本を積み上げ、次なるステップに向けて、力を蓄えていた。

横浜の開港

日米が通商条約の交渉を行う過程では、アメリカは日本に江戸・大坂など全国十都市を開港場とし、自由貿易をさせようとした。しかし、侵略を恐れる江戸幕府とすれば、外国船が直接江戸に入ってくるのは避けたい。当然、イギリスにアヘン戦争を仕掛けられた清国の二の舞になることを恐れていた。

一方、大坂は京都の朝廷に距離が近すぎ、また、商売上手の大坂商人が貿易することによって富が大坂に集中し、江戸が衰退するのではないかと恐れた。

結局、日米間の交渉では、函館、神奈川、兵庫、長崎、新潟に港を開くことに決まり、一八五八（安政五）年六月、日米修好通商条約が結ばれた。函館と長崎については、初代アメリカ総領事ハリスが最初から提案していた候補地であるが、他は幕府側の提案だった。

神奈川開港は翌年の六月二日（新暦では七月一日）と決まった。

神奈川湊は、周辺の港の中では鎌倉幕府の貿易港として栄えた六浦湊に次ぐ良港とされ、鎌倉時代から賑わっていた。また、神奈川は日本橋、品川、川崎に次ぐ東海道の宿場となり、江戸を出立した将軍の行列が最初に泊まる宿場としても栄えた。江戸に直結する都市となったのだ。

江戸時代には参勤交代制度の確立とともに、江戸は大量消費社会へと移り変わっていく。こうした変遷の中で、徐々に神奈川湊は海陸交通の拠点となり、江戸時代後期になると神奈川宿の人口は五千人を上回り、当時の東海道ではトップクラスの規模の宿場へと成長していた。

比較的江戸に近く、経済も繁栄している都市。アメリカサイドでは、神奈川をこのような都市と考え、日本側の提案に賛成したのだろう。当初案では、横浜港ではなく、神奈川港だったのだ。

ところが、条約締結後になって、幕府は神奈川宿ではなく、辺ぴな横浜村を開いて横浜港とする方針を出す。横浜村は神奈川から直線距離で四キロほど離れている。東海道は、神奈川宿までは東京湾を海沿いに下ってくるが、神奈川宿から内陸側に向かっていく。

横浜村は舟運の便が良く、何よりも「人煙希薄」であることがメリットとされた。開港に際しては、さまざまな施設を新たに建設しなければならないから、人影もまばらで土地が広い方が開発しやすいというわけだ。もちろん、それも理由の一つだったろうが、幕府とすれば、東海道側から野毛山と海に隔てられた離れ島のような横浜の地形が、あたかも長崎の出島のようでもあり、日本人と外国人を分離するのにちょうど良いという軍事的な理由もあったというのが事実だろう。

もちろん、当初は江戸や品川の開港を要求していたアメリカ側からしてみれば、妥協したはずの神奈川も齟齬にされ、さらに辺ぴで人影もまばらな横浜港で納得するはずもない。交渉は難航し、年が明けて二月。条約で定められた開港日まであと四カ月となっていた。早々に建設を進めなければ間に合わない。ここで、幕府がとった作戦は、「横浜も神奈川に含まれる」という手前勝手な解釈で、横浜の建設を断行してしまおうという荒技だった。こんな具合だったから、横浜開港という情報は少なくとも開港の四カ月前になるまでは公には出回らなかったはずだ。

このような紆余曲折を経て、開港場として函館、新潟、神奈川（横浜）、兵庫（神戸）、長崎が決まった。開港場には、外国人の居留と営業活動が認められた。居留といっても外国人の土地所有は認められず、貸与だった。また、江戸と大坂は開市場として一時的滞在が認められた。

そして、開港を直前に控えた二月になって幕府はもう時間切れだと、急きょ、突貫工事で横浜の建設に取りかかった。

幕府は開港場への出稼ぎや日本人の移住を許可し、横浜建設に乗り出した。貿易がスタートするよりも前に、建設関連の労働者が大勢集まっていたために、彼らに対応するための飲食、娯楽を提供する店舗ができ、賑わい始めていた。

波止場は、横に長い砂州の中央部に造設された。波止場の西側が日本人居住区、東側が外国人居留地である。ちなみに、外国人居留地の区画番号が現在の山下町の地番におおむね一致しているという。土地は、幕府から外国人商人らに貸し出された。元来、居留地に住んでいた人々は、山手に移住させられた。

突貫工事は進み、簡易的な仮設の建造物が目立つ中、六月二日、予定通り、横浜港が開港した。

生糸は、開港直後から貿易の主役だったわけではない。

開港当時の横浜は、寂れた田舎を突貫工事で取り繕ったものの、不完全さが露呈し、貿易も活発ではなかった。

たった四カ月で十分な港ができるわけでもなかった。横浜駐在英国領事代理のヴァイスは書く。

「港は開放的で露出されており、しばしば荒れ狂う北東の強風が吹いている間は、荷物の揚げおろしに危険である。また停泊地が悪く水がひどく浅くて、夜間接近するのに困難な港にしている」（『横浜市史第二巻』）

しかも、当初から多数の外国商人が集まり、活発な商取引が行われたわけでもなかった。続けて、ヴァイスの言葉を借りる。

「私がはじめてこの港に着任したとき（一八五九年七月二十一日着任）には、ただ三隻の船、すなわち、二隻のイギリス船と一隻のオランダ船を見いだすのみであった。横浜におけるすべてのものは、不活発なみじめな有様であった。そしてこれら三隻の船が三、四カ月間に十分な積荷を得ることは困難であった」（『横浜市史第二巻』）

当初は、日本の商人としても外国商人がどんな商品を求めているのか分からなかった。当時の日本人居住区側では、本町通り、弁天町通りの二筋に商店が立ち並んでいた。漆器・陶器・小間物・反物・干物など各店が思い思いに陳列していたが、さながら何でも屋のごとき様相を呈し、確たる目的が見つけられなかった。外国商館でも事情は同じで、日本人に何が好まれるか分からないから、毛織物や毛綿雑織物、小間物などを脈絡なく並べているような状況だった。

お互いに相手のニーズを手探りしていたような段階で、当初は漆器や陶器といったような、外国人が土産物にできるようなものを有望な輸出品として期待していたことがうかがえる。後に輸出品の多くを占めることになる生糸や茶は、雑多な品々の中に埋もれていた。

一時しのぎの仮設のような安っぽい建築の店舗が大勢を占めた中にあって、ひときわ豪壮な造りの巨大店舗があった。

新開地の中心である本町四丁目（現・本町算用目南側角）にある中居屋重兵衛の商館だった。四八三坪、耐火造りの総檜二階建て。光り輝く銅製の屋根瓦から、「銅御殿」と称された。内部はさらに豪華な造りとなっていた。陳列場には外国商人たちが靴のまま入ることができた。広大な接客室の天井は、ギヤマン張りの水槽となっていて金魚が泳ぐ。居間には、ガラス窓やカーテン、床には舶来の織物、三方の壁面には日本や西洋の絵画・銅版画などが装飾されていた。書斎はものすごく厚い耐火性の壁に囲まれていて、書籍類の他に机や鉄製の金庫、フランスの銅版画などが整然と配置されていた。この室内を見た外国商人に、「こんなに格調の高い生活空間を実現できるほど富裕な商人は見たこともない」と言わしめるほどであった。

中居屋重兵衛登場

横浜開港の決定は、四カ月前までずれ込んだ。表向きは商人たちが幕府に出店を願い出て許可をもらうというものだったが、実際のところ、幕府は有力商人たちに出店してもらおうと、自ら打診していた。重兵衛のところにも幕府側から打診があった。

中居屋重兵衛は、上野国吾妻郡中居村（現・吾妻郡嬬恋村三原）の出身。若尾逸平とほぼ時を同じくする一八二〇（文政三）年三月、中居村の名主を営む由緒ある家柄の長男として生まれた。重兵衛の家は、農業に加え質商を経営し、さらに祖父は草津温泉の旅館の株も持っていた。その手伝いをしていた重兵衛の父は、文人墨客とも親交があり、画家という顔も持つようになった。母もまた川越藩儒者の娘。こうした家庭環境の中、重兵衛は早くから知的好奇心が旺盛だった。一五歳の頃、馬が暴れて振り落とされ人事不省に陥り、九死に一生を得た経験から、「余生は世のため人のために捧げよう」と誓って、読書にふける生活を送った。

時は幕末の動乱期。盤石かと思われた士農工商制度にも乱れが生じつつあった。江戸に出るチャンスを狙っていた重兵衛は、旅一座を招いて得た資金を手に、一八三九（天保十）年、前年に結婚したばかりの妻と幼い子どもを中居村に置き去りにして、江戸に出奔してしまった。

重兵衛は、本町（現・中央区日本橋本町）四丁目の和泉屋善兵衛という商家の徒弟として住み込んだ。『日本外史』の出版も請け負う和泉屋には書籍が数多く所蔵され、重兵衛は片っ端から読破していった。傍ら、店にやってくる学者や文人とも交流し、人脈を広げていった。

十年後の一八四九（嘉永二）年ごろ、重兵衛は独立し、日本橋通三丁目に物産店を開き、米や砂糖、火薬などを商った。

読書や知識人との交流から自身もまた商人でありながら一流の知識人に成長していった重兵衛は、政局や社会情勢など情報収集に努め、巧みにニーズを読んで、利益を積み重ねていった。火薬を商ったのは、きな臭い時代情勢を睨んでのものだったのだろうか。重兵衛は火薬についてはかなりの専門家で、後年、『集約砲薬新書』なる著書を著している。

商売の取引上、諸藩の物産方との交流はもちろんのこと、水野忠徳や岩瀬忠震といった幕府要人ともつながっていた。こうしたさまざまな人脈の中から、尊王攘夷派とのつながりも取りざたされるようになる。

重兵衛はまた、その深い知的探求心と日々の商売の実践を糾合し、商人道の体系化に励んだ。「利を以て利と為さず、義を以て利と為す」という信条の下、先に挙げた『集約砲薬新書』や『子供教草』など三冊の著書を執筆している。

このように彼は一般的な商人像とも立志伝中の人物像とも大きく異なっていた。そんな重兵衛の下に横浜への出店依頼が幕府から寄せられた。

重兵衛は、商館の建築を急ぐとともに、従来からの人脈を生かし、諸藩や諸国の商人たちから大量の物産を仕入れて、来るべき開港に備えた。

重兵衛の商館に並んだ商品は、その人脈を裏付けるように多種多様だ。陶器や傘、塗物、木綿、麻苧、織物、真綿、キセル、縮、石炭、油、薬種、松油、鉛、紙、煙草、呉服、漆器などに加え、蜜柑、干物、葛粉、人参、小麦粉などの食料品まで雑多というしかない。

中居屋重兵衛はすでに開港前には、上州で前橋糸を買い集めていた記録が残されている。彼には外国貿易で生糸が重要な産品になることが分かっていたのだろう。当時の重兵衛は幕府要人をはじめとするさまざまなネットワークがあり、若尾逸平や下村善太郎とは比較にならない情報源を持っていたようである。

開港初期の横浜で、中居屋重兵衛は生糸貿易の先陣を切り、最大の生糸売込店舗となる。初期においては生糸取引の八割は、中居屋重兵衛の店を経由して行われたといわれている。

若尾逸平、横浜に立つ

幕府の開港政策に対して非難の声を上げる攘夷派たちが社会に大騒動を巻き起こし、対する幕府は「安政の大獄」と呼ばれる過酷な弾圧を行った。一八五八（安政五）年から翌年にかけて騒然とした空気感が世の中を覆っていた。

そんな中、この大変動を飛躍のチャンスと捉えた人たちがいた。

開港直後の甲府。若尾逸平は、江戸から戻った弟の幾造に話しかけた。

「世の中は、だいぶ騒がしくなってきている。こんなときこそ、冷静になって一儲けせねば商人とは言えまい。おい幾造、お前、なにか良い知恵があるか」

「いや、特別に思いつくこともないけれど、今度横浜が開港し、異国人が大勢日本に来ると聞いた。彼らは大金を持っているらしいが、本当だろうか」

幾造から、この言葉を聞いた逸平もまた、横浜の開港のことが頭にあった。

「江戸での噂を聞くと、すでに横浜には大勢の異国人がやって来ているようだな。どうだ、幾造、異国人と取引してみようじゃないか」

だが、幾造には異国人との取引と聞いても、その方法がまるで思いつかなかった。

「異国人と取引するのは面白い話だけれど、いったいどうすればいい」

逸平は、思案よりもまず行動ありきという考えだ。

「まずは一度横浜に出かけて行って、様子を探ってみようじゃないか」

幾造もすぐに同意し、早速、異国人が高く買うと噂されていた干し大根を二人で仕入れた。逸平はその日の晩に荷造りして、家を出た。

逸平は未開の地を切り開く志を胸に、長い道のりをいつもに増してずんずんと歩き進んでいった。笹子峠、小仏峠という難所も疲れ知らずのように越え、相模に入った。途中、唐丸籠に乗せられ江戸送りの勤王の志士たちにも遭遇した。そんな世情に目もくれず、逸平は横浜へ急いだ。

横浜の開港決定から六月二日の開港まで、間がなかったため、当然、まだ立派な外国人の商館はできていない。外国人商人らは、百姓家を仮住まいとしていた。

逸平は、外国人商人のいる百姓家を訪ねて回った。

逸平は、初めて見る外国人の、真っ白な肌、赤い髪とひげ、高い鼻と碧い目に驚きながらも、品物の干し大根を見せた。

ところが、外国人は笑いながら手を振るばかり。「こんなものはいらなよ」という合図であることは、言葉が分からない逸平でも分かった。

逸平は、片っ端から外国人のいる家々を回ったが、どこでもみな反応は同様で、ただ笑われるだけであった。

「外国人は干大根を高い価格で取引する」とは、とんだ偽情報だったことが判明したが、逸平はただでは転ばなかった。

ある外国人の住まいで、「これだ！」と直感できる品物が置いてあるのと見つけた。

「これだったのか！」

逸平は、全く相手にもされない干大根の悔しさよりも、売れると睨んだ品物を特定できたうれしさが勝り、意気揚々と干大根を神奈川宿で投げ売りし、すぐに甲府に戻った。

あまりの速攻戻りに驚く幾造に逸平は言った。

「当てが外れた。しかし、見込みは付いた」

逸平は自分の考えを逸平に説明し、休む間も惜しみ、当たりを付けた品物の仕入れに二人で奔走した。

二人が買い集めてきたのは、かつては京都の機屋に売っていた地元の島田糸という生糸だ。その日の夜のうちに、逸平は一荷は自分で担ぎ、二荷は馬に付けて、再び、一路横浜を目指した。

開港して二週間ほどが経過した六月中旬、逸平は再び横浜にいた。弁天通り三丁目に開業した芝屋清五郎の店を拠点として、干大根を売りに回った外国人の滞在する農家を訪ねた。

外国人の態度は明らかに干大根のときとは違う。逸平のもくろみ通りだ。包みを解いて島田糸を畳の上に並べると、念入りに調べている。外国人の反応を逸平は固唾を呑んで見守ったが、何か早口でぺらぺらとしゃべり、「いらない」と手を振った。

「おかしいな、なぜだ」

逸平は、また別の外国人を訪ねたものの、反応はやはり同じだ。逸平は外国人のいる家を一軒ずつ回ったが、どこでも生糸を売ることはできなかった。

逸平の判断はこうだ。生糸に興味はあるけれど、こちらの持ってきた品物の品質が彼らを満足させられるようなものではなかった。

だが、ここですごすごと引き返すような逸平ではない。

逸平は一計を案じ、情報収集に回った。

外国商人たちは、日本に売り込むために繰り綿を大量に持ち込んでいたが、この繰り綿には日本人を殺すために毒が仕込まれているというデマが流れ、全く売れずに困り果てているというのだ。

この話を聞いた逸平は、即座に閃いた。逸平は、これまで綿を商ったこともあり、商品を見る目はある。繰り綿を取り寄せて詳細に調べてみた。日本のものとは感触は若干異なるが、問題のない商品だ。もちろん、毒などは仕込まれていない。

逸平は、以前に断られた外国商人バルベルのところに商品の生糸を持って出かけ、こちらの生糸と外国商人の繰り綿との貿易を持ちかけた。もちろん、外国語はしゃべれないから、手真似である。

逸平の意図が分かったバルベルにとっても、この申し出は渡りに船だったようで、即座に交渉が成立した。若尾逸平の初めての貿易だった。逸平は一挙に多額の利益を手にした。逸平の生糸をバルベルは二八〇両で買い、逸平はバルベルの繰り綿を一二両で引き取った。

逸平が甲州で買い付けた島田糸は四五両だったから、二三五両もの儲けだ。一方、一二両で引き取った繰り綿は甲府で四五両で売れた。儲けは合わせて二六八両にも及んだ。逸平は、この取引から横浜貿易に活路を見いだした。

逸平の生涯を記した伝記『若尾逸平』（内藤文治良）によれば、これが日本商人と外国商人の間で行われた最初の生糸取引とある。しかし、ことはそう簡単ではない。生糸の最初の取引とされる事例は、実は全部で一〇以上にも及ぶ。これについては後述したい。

下村善太郎、横浜での第一歩

その頃、八王子にいた下村善太郎も、商売でたびたび江戸に足を運んでいたから、横浜が開港する情報を得ていた。そもそも、それ以前、黒船が来航当時から、江戸を訪れた名主らを通じて、多摩地方にも随時異国関連の情報はもたらされていて、情報に敏感な善太郎も商売の傍ら、常に気に留めていたと考えるのが自然だ。

「これは大きなチャンスだ。外国に生糸を売ろう」

数年前に生糸商人となっていた善太郎は、商売を飛躍的に伸ばす好機と考えた。

一八四五年ごろから、ヨーロッパでは微粒子病という蚕の病気が流行していた。横浜が開港した頃は、ヨーロッパでの生産量が非常に落ち込んでいた時期でもあった。

生糸の最大の輸出国であった中国では、アヘン戦争や太平天国の乱が続き、国が荒れていて、生糸の生産も追いつかない。生糸は世界的に品薄という状況が続いていた。外国商人にとってみれば、最初は手探りだったが、いざ日本を訪れてみると、そここ良質な生糸が大量に生産されていることが分かった。

全くの好機だった。情報収集に長けた善太郎といえども、さすがに当時ヨーロッパの生糸事情を把握した上で外国人に売り込もうと考えたとは思えないが、ともかくさまざまな状況が生糸商人たちにとっては追い風となっていたわけだ。

当初は善太郎の八王子における後見人のような存在だった綵屋源兵衛も、開港の頃には善太郎の実力を認めて商売上の協力者となっていた。その源兵衛らと協力し、善太郎は横浜に乗り込んだ。

善太郎が向かった先は、横浜の本町四丁目。同じ上野国出身の中居屋重兵衛の豪勢な商館であった。

さて、善太郎が初めて生糸の売り込みに成功した状況はどのようなものだったのだろうか。『下村善太郎と当時の人々』では、「彼は危険を冒して横浜に至り、本町四丁目中井重兵衛（原文ママ）の店で、支那人阿泰に、製した処の生糸を売り渡し莫大な利益を収めた」と短く伝えるのみだ。

しかし、『開港と生糸貿易・中巻』（藤本実也）には、もっと詳細に記述されている。

七月、善太郎は、芝屋清五郎の番頭田口太七らによる生糸売り込みの噂を聞いて、絲屋源兵衛らと協力して、甲州や信州の生糸を買い集めて中居屋重兵衛の商館に持ち込んだ。そして、英一番館の番頭ケセキに、一斤一歩七個で売り込んで多大な利益を獲得することに成功したというのだ。

どちらも、共通するのは、中居屋重兵衛の店を拠点にしたという点だろう。開国初期には生糸貿易の八割ほどを中居屋重兵衛の店が占めたといわれている。しかも、同じ上州出身とあらば、善太郎が重兵衛の店で生糸貿易の第一歩を踏み出したのは、ごく自然な成り行きと考えられる。

「支那人阿泰」とは、フランス二〇番館の手代中国人のハショウのことであろう。開国当初の生糸貿易では、たびたび名前の登場する人物だ。

さて、このどちらか正しいのか。これはどちらが正解というよりも、ハショウとの取引もあっただろうし、英一番館との取引もあっただろう。ただ、『開港と生糸貿易・中巻』の記述には具体性が高く、善太郎最初の生糸貿易としては、こちらに蓋然性があるように思われる。

ここから、下村善太郎の横浜における破竹の快進撃が始まった。

ところで、英一番館とは、ジャーディン・マセソン商会が初めて日本に開設した支社のことだ。ジャーディン・マセソン商会の社長ヒュー・マセソンは英国一の富豪と称されるほどの勢力を持っていた。同商会は、清国ではアヘンを売って財を築き巨大商社となった。アヘンの流通販売や摂取を禁止した清に対し、イギリスは戦争を仕掛けて屈服させるわけだが、イギリス政府が清国への軍の派遣を決めたのは、同商会によるロビー活動が功を奏したという背景がある。後に、吉田茂の養父である吉田健三がジャーディン・マセソン商会横浜支店長を務めていることでも知られる。また、坂本龍馬に武器を売ったトーマス・グラバーはジャーディン・マセソン商会の日本における代理店だった。

ジャーディン・マセソン商会は、ある意味、実に危険な麻薬商社であった。

しかし、日本ではアヘン貿易は行われなかった。幕末に幕府が欧米各国と結んだ修好通商条約には、アヘン貿易禁止の条項が含まれていたからだ。不平等条約ではあるが、ぎりぎりのところで踏みとどまった幕府の功績にはもっと光が当てられるべきであろう。

欧米の商社は、日本の生糸を買い入れることに注力していった。それは、日本にとっても幸いなことだった。

群雄割拠する商人たち

伝記『若尾逸平』の記述に従えば、最初の生糸取引は若尾逸平の手によるものとなるのだろうが、さまざまな文献が実に多様な説を伝える。


いったい、誰が一番最初に生糸を売ったのか。

『開港と生糸貿易・中巻』や『横浜開港五十年史・下』などの諸文献を参考に、多様な説を概観してみよう。この中には、中居屋重兵衛や前橋の名前が頻出する。横浜生糸貿易において、上州商人が重要なプレーヤーだったことがうかがえる。
①一八五九年六月二十九日、イギリス人もしくはイタリア人の「イソリキ」という人物が芝屋清五郎の店で、甲州島田糸を六個（一個は九貫匁）を一斤に付き一分銀五個で買い入れの契約を結んだ。百斤ごとに箱に入れ横浜港内に留まっている商船に

持参する約束。金の受け渡しを懸念した芝屋方は、屈強な男を伴い一家そろって商船に生糸を運び込むと、「イソリキ」は商品を検査し、すぐに代金を支払ったという。

②一八五九年七月、甲府緑町の藤井屋清助と青沼の伏見屋治右衛門は、甲州島田糸の見本を持って芝屋清五郎の店を番頭の田口太七に預けた。太七はこの見本をもって英一番館「バルベル」と交渉し、三千斤を八月中に三度渡す約束をした。価格は、一斤に付き一歩銀六個だった。

③『横浜開港五十年史・下』にある高橋文左衛門なる商人の談話を紹介する。中居屋重兵衛が信州上田の武蔵屋勇助、足利仲町の石川勘右衛門の二人を前橋に派遣して生糸を買い集めているという情報を、文左衛門はこの二人が宿泊していた前橋本町の三好屋彦兵衛から聞き込んだ。文左衛門は友人の江原芳右衛門とともに二八行李（一行李＝九貫目）の生糸を調達し、七月十一日に前橋を出発し、十八日に浜松の麦畑の中で、ハショウと仕入れ値の三倍で取引した。ハショウは生糸の美しさを喜んで踊り出したという。なお、このとき、形の上では中居屋重兵衛を経由した取引形態だった。

④七月の盆前、中居屋重兵衛の店で前橋の道具屋又蔵という者が、フランス二〇番ロレルの手代中国人ハショウに前橋糸を売った。

⑤八月十五日、横浜南仲通りの生糸中次人の羽鳥悦次郎（前橋出身）が、横浜港に停泊中の米船に、提糸を持って商談を持ちかけた。同船には米国に漂流して同船の通訳となっていた漁夫・彦蔵がいて、彼の通訳によって同船に乗っていた中国人「ハショウ」と商談し、生糸一斤に付き一歩銀一二個の価格で販売に成功した。

⑥八月十八日、中居屋重兵衛がフランス二番館「ロレル」へ一歩銀一二個の価格で前橋提糸二八個を売り込んだ。提糸の売り込みはこれが初めてとされる。

⑦甲州屋忠右衛門は開港前には郷里の甲府を出て、本町二丁目に店舗を開いた。開港直後の六月八日、生糸一五〇斤を中国人ハショウに売り込んだ。

主立った説は、こんなところであろう。もちろん、若尾逸平もこの中に入れても良いだろう。下村善太郎にしても、一番最初か否かは不明であるが、ほぼ同時期に取引を始めたものと考えられる。

中居屋重兵衛をはじめ、芝屋清五郎、甲州屋忠右衛門らは売り込み店舗を構えた。こうした売り込み店舗を拠点として各地の生糸商らが商売を行ったというのが実情

横浜町割図（安政 6.6）軽部三郎氏所蔵（みやま文庫『群馬の生糸』より）

だったのだろう。

しかし、一方でヨーロッパに渡った最初の生糸は、開港の前年一八五八年という説もある。岐阜の曾代糸や飛騨糸などが長崎から輸出されていたという記述がフランス側の文献に記されているのだ。

ともかくも、開港直後、全体的にはあまり活発とはいえない横浜にあって、儲けのにおいを嗅ぎつける天賦の才能を持った商人たちが先駆けとなる生糸の取引をスタートさせた。

開港から半年も経つと、横浜では活発な取引が盛んに行われるようになる。前述の横浜駐在英国領事代理のヴァイスの言葉を借りよう。

「はじめこの港にあった船は三隻であったが、いまやしばしば平均十二隻ないし十四隻をみるにいたった。そして外国住民と彼らが場所を得られるところには、どこにも立てている広い倉庫の激増は、企業心と資本とがそこには欠乏していないことを示す」(『横浜市史第二巻』)

開港後半年間となる一八五九年下期の貿易に関して詳細は不明だ。輸出四〇万ドル、輸入一五万ドルという概数は分かっている。かなりの輸出超過であり、その輸出品目は、生糸、銅、菜種、茶、豆、昆布などであった。すでに生糸は、輸出品の筆頭となっていた。雑多な商品類の中から、最重要品として生糸が探り当てられたのだ。

軌道に乗る若尾兄弟

開港早々に初の生糸取引を機知によって成功させた若尾逸平は、横浜から八王子、そして甲州街道を一路甲府へ急いだ。逸平は、外国人との生糸貿易には良質な生糸が必要だと分かっていたので、とにかくはやる気持ちを抑え、幾造の元へと急いだのだ。

二人は手分けして甲州中から生糸を買い集めていった。

買い集めた生糸は、逸平が馬に積んで横浜で売りさばく。最初の数回は逸平が横浜まで売り込みに出かけていたが、徐々に商売が手広くなると、逸平は自らは甲州内で仕入れに奔走し、幾造を横浜に出張させ、交渉を任せるようになった。

開港の年一八五九（安政六）年も末になると、当初の閑散ぶりは一転して、諸地方から商人らが集まり、人家の建設も急ピッチで進んでいた。外国商人たちも次々に借地を願い出て、異人屋敷もぽつぽつと出来始めていた。

逸平や幾造は、生糸を横浜で売り切った後は、市中を歩き、ランプや洋傘、ビードロ製の徳利など、珍しいものを見つけては買い付けて、それを甲府に持ち帰って売りさばいた。とことん、商売に貪欲だった。

横浜に常駐することになった幾造は、売り込み問屋を兼ねる宿屋の石川屋に宿泊していた。石川屋は越前藩が経営する問屋で、弁天通りにあった。「安政の大獄」で蟄居を命じられていた藩主の松平春嶽は窮乏した藩の財政を立て直すべく、横浜での貿易に活路を見いだそうと企てた。しかし、表だって武士が商人のまねごとをするのは許されない時代だったから、岡倉天心の父である岡倉覚右衛門が脱藩して石川屋善衛門と改名した上で、手代を務めることになる。

一八五九年の年の瀬も押し迫った十二月二十七日、生糸の売り込みに出かけた幾造は、ある商館で、光を放つ石の欠片を外国人商人が買い取る様子を見た。

それは水晶の屑《くず》だった。その取引価格の高いことに幾造は心動かされた。

「これだ!」

宿に戻って食事をしながら、思案し、動くしかないだろうと心を決めた。

即座に宿を立ち、八王子街道を北上した。このとき、八王子の定宿となっていた津久井屋清兵衛方を拠点に生糸の買い入れに走り、夕食中だった逸平の元に、幾造が駆け付けた。逸平とすれば、前日、横浜へ向かったばかりの幾造が、早々と八王子まで戻ってくることに疑問を抱いていたが、そんな逸平に幾造は水晶の話を切り出した。

話を聞き終わると、逸平は言った。

「分かった。これから、すぐに甲州までひとっ走りしよう。空腹じゃ、けんかもできないだろう。幾造、まずはうんと飯を食え。俺も食う。これから二四里ほども飛んで行くのだから、腹にシワがよる。へそで小仏峠を突き抜けるほど食え。男はとにかく元気が一番だ」

　二人は、たらふく飯を平らげたかと思うと、荷造りをして、夜だというのに宿を発った。甲州街道を西にひた走る。翌朝には甲府の家に戻っているのだから、この二人、並の足の速さではない。ほとんど、走るように歩き続けなければ、着ける距離ではない。

　この頃、水晶は甲州の北境にある金峯山の山麓、小尾黒平周辺で採掘され、その原石をもとに御嶽の村の職人が細工品をつくっていた。細工品をつくる際に出た屑水晶は、他に使い道もないので多くは棄てられていた。

　二人は、甲府から御嶽を訪れ、これら屑水晶ををほとんどただ同然の値段で買い取った。麻袋の中に屑水晶をめいっぱい詰めて荷造りし、天秤棒の両側に提げて、肩にめり込むほど担ぎ、一刻を争うように甲府で飯と仮眠の後、再び甲州街道、そして八王子街道を飛ぶように横浜まで戻っていった。横浜に着いたのは、なんと十二月二十八日の夜。信じがたい韋駄天ぶりを発揮した。

　数日前に幾造が水晶屑の取引を目撃した外国人のところに早速持っていくと、百斤に付き八、九ドルほどの利益を得た。二人は、次々に宿から水晶屑を持っていくので、外国人商人も驚いた。

「屑はいらないから、ザク石を持ってこい」

「今度は、トツコを持って来い」

などと、外国人の注文はエスカレートしていった。その都度、二人は先方のオーダーに応じて、横浜と甲府の間を往復した。正月過ぎまでの十日ちょっとの間に五回も往復し、わずかな期間に信じられないほどの巨大な利益を積み上げた。

ところで、幾造が目撃した水晶屑を最初に外国商人に売り込んだ商人は、儲けた金額に有頂天になって、遊郭で遊び耽っていた。懐が寂しくなってきたところで、もう一儲けしようと水晶屑を取り寄せて、外国人商人のところに持ち込むと、すでに「水晶屑は足りているからいらない」と言われ、青ざめた。「ザク石なら買う」と聞いて再度持ち込んだが、当然、これも若尾兄弟の後塵を拝すのみ。勤勉に勝るものはないことを示す逸話でもある。

当時、横浜界隈で、若尾兄弟は「水晶大尽」と呼ばれ、大いに名をはせた。しかし、すでに二人の生糸取引は軌道に乗っており、あくまでこの水晶取引は一時的な余技であった。

開港直後、生糸輸出は急速に増大を続けた。一八六〇（万延元）年から一八六七（慶応三）年まで、横浜港からの輸出総額のうち生糸は約七三パーセントほどを占めた。生糸は、一八六〇年には二五九万ドルの輸出額だったが、五年後の一八六五年には一四六一万ドルとなった。実に五・六倍だ。

これほどまでに生糸が外国から求められたのは、ヨーロッパで蚕の病気、微粒子病が蔓延したことに加え、その価格にあった。横浜からの輸出価格は、当時のヨーロッパにおける生糸価格と比較すると、開港当初は四〇パーセント程度、一八六七年ごろでも六〇〜七〇パーセント程度だったのだ。だから、外国商人にとっては日本産の生糸は大きな利益が獲得できる手段だった。

覇を競う二人

一方、若尾逸平や下村善太郎など日本の生糸商人にとっても、貿易開始以前の国内取引価格の水準からすると非常に高く、輸出によって莫大な利益を手にすることができたのだ。だから、開港当初は生糸生産者、生産者から生糸を集荷し横浜で商う生糸商人、店舗を構える生糸売込商そして外国商人と、すべてが潤うという好循環を生んだ。

初期の横浜生糸貿易で、そのシンボルともいうべき存在が、下村善太郎も取引した中居屋重兵衛だった。開港当時三九歳だった重兵衛は並の商人の枠を超えた知性やネットワークの持ち主だった。故郷の人脈を活かし、良質な上州産や信州産、奥州産の生糸を多く仕入れることができたようだ。

一方、店舗は持たないものの、独自の仕入れルートを利用し、良質な生糸を各地から買い集めて、横浜に持ち込み、これらの売り込み店舗と協力して外国人に売り込んだのが、仲買商的な荷主生糸商人だった。

開港直後の横浜へいち早く参じて、言葉も通じない中、生糸を売り込んだ下村善太郎や若尾逸平らは、それら荷主生糸商を代表する存在となった。

二人は、どうやら開港後の横浜で覇権を争う巨頭的な生糸商人だったようだ。伝記『若尾逸平』から引用しよう。

「若尾の糸荷が横浜の市場に隆々たる勢力を占めて居る頃、一方には上州の三吉屋が上州武州信州奥州等を地盤として覇を争ふ、翁は三吉屋が日に百梱出せば俺は百五十梱出すと云はれたり。正に東西の両大関」

「三吉屋」とあるが、これは下村善太郎のことだ。善太郎の父が営む前橋の店は

「みよしや」で、通称「みよぜん」と言われていた。

二人は、この横浜を舞台にライバル関係を築いていたのだろう。少なくとも若尾逸平が下村善太郎をライバルと考え、意識していたのは確かなようだ。

第四章　健脚が決め手の時代

これまで見てきたように、若尾兄弟や下村善太郎らの類いまれなる脚力には驚かされるばかりだ。

伝記『若尾逸平』には、たびたび若尾兄弟が甲府から甲州街道を東へ下り、途中では標高千メートルを超える笹子峠（山梨県大月市と甲州市の境にある峠）、標高五四八メートルの小仏峠（八王子市裏高尾町と神奈川県相模原市緑区の間にある峠）を越え、八王子からは横浜街道を南に下って横浜に至る下りが出てくる。

健脚と飛脚と情報と

若尾兄弟は、この約一二〇キロほどの行程を、飛ぶように一日ほどで駆け抜けている。生糸は馬に荷を乗せ、さらに自分でも荷物を担いで運んだ。水晶に至っては、にわかに信じがたいが天秤棒の両側にぶらさげて横浜まで持ち運んだという記述が伝記『若尾逸平』にはある。しかも、十数日の間に五回も往復している。

この恐るべき強靱な脚力、体力が、若尾兄弟の、他の商人にはまねのできない機動力を生み出していたのは間違いないだろう。

しかし、時代が下るにつれ、事業が拡大していくとともに、徐々に生糸の輸送は他者を利用するようになっていく。仕入れも輸送も売り込みもすべて兄弟でこなすのは効率的とは言えないし、事業の拡大にも限度がある。

再び、伝記『若尾逸平』から引用する。

「横浜市場の花と呼ばれる若尾の生糸は、甲府から甲州街道を、駒飼の増田平兵衛（渡邊隆資氏）笹子の花田屋五郎兵衛（天野董平氏）猿橋の荒井六郎（幡野弘毅氏）上野原の立花屋儀兵衛、吉野の吉野十郎と掛って神奈川に駅送さる。八王子は津久井屋清兵衛の所を出張所のやうにす」

このように、要所要所に物流業者を置き、リレー搬送のように生糸を横浜まで送り届ける仕組みをつくったものと推測される。物流業者とは、馬に荷物を乗せて運ぶ業者のことであろう。

一方、健脚を頼みとする営業活動は、下村善太郎も同様であった。

善太郎は、逸平とは異なり長身痩躯だった。おそらく、歩幅も大きく颯爽と歩を進めるような男だったのだろう。大変な健脚家だったと伝えられる。

しかも、彼が生糸の買い入れなどで各地へ出掛ける場合は、スケジュールをきっちりと組んで、翌日の行動経路も考えた上で、宿を決めていた。行き当たりばったりに宿を選んで消耗する結果となり、思うように営業活動できなくなってしまうことを恐れたのである。

さらに、前述したように、善太郎は各地に懇意とする人物がいて、そこに買い集めた荷物を置かせてもらい、一日に人の何倍も買い入れ、夜になってから自宅に運び込んでいたというのだ。

このように、行動のすべてに無駄がない。徒歩しか手段がなく、大量輸送のできない時代に、いかに人件費をかけずに他人よりも多くの仕事をこなすことができるか。健脚という体力をベースにしつつも、非常に合理的な作戦をとった。健脚プラス細心の注意を払うことで、他人の数倍に及ぶ活動を続けられたのであった。

その健脚ぶりについては、長男である善右衛門も証言している。

「阿爺《おやじ》は却々《なかなか》足の達者の人で、八王寺町で甲州商いなどをして居た時でも、又前橋へ帰った後、浜の商いをする様に成っても、大抵島屋の飛脚を一所に歩行《あるい》たと云うとです」（「故下村善太郎翁と未亡人㊥」『上毛乃上毛人』より）

下村善太郎が使っていた「島屋」というのは、江戸時代の飛脚問屋、「嶋屋佐右衛門」のことだろう。嶋屋佐右衛門は大坂資本であり、江戸日本橋に近い瀬戸物町に江戸店が置かれていた。その輸送圏はほぼ東日本をカバーし、上州にも四カ所（伊勢崎・高崎・藤岡・桐生）に店があった。米相場などをいち早く知る場合などにも飛脚が使われていた。

ともかく、この早飛脚を巧みに利用し、他の糸商よりも一日早く横浜の糸相場を把握するよう努めていた。

この時代、生糸商人にとって情報は命だった。横浜における生糸の相場を見ながら、儲けを最大化するために売り込むタイミングを計算する。八王子近郊で生糸を取引する「鑓水《やりみず》商人」が多く存在したことで知られる鑓水村（現・八王子市）には、「浜見場」という地名の高台があり、ここがかつては狼煙《のろし》を上げる場所で、横浜の生糸相場を狼煙で合図し、その日のうちに出荷していたのではないかという指摘もある。それくらいに、生糸相場の情報は、商人たちにとって重要だった。

盗賊と勝負しないプライド

徒歩を基本に商品の輸送を行っていたので、当然、多額の現金を持ち運ぶ機会も多かった。若尾兄弟は横浜から甲府まで一二〇キロもの道のりを多額の現金を持って帰ったので、危険にさらされることもあった。

ある晩、幾造が生糸の取引で儲けた三百両を甲府に運んでいた。野毛の坂を通りかかったとき、待ち構えていたかのように、大男が幾造の前に立ちはだかった。

「金を出せ！」

「金などない」

「懐に三百両あるだろうが」

「ばれているな」と思った幾造は、とっさの判断でわざと金の入った包みを足元に落とした。賊が拾おうとしたところで、腰に差した道中差で逆襲してやろうというつもりだった。ところが、敵も初めての犯罪行為ではなかったのか、ピストルを突きつけてきて、

「そこをどくんだ」

と、すごんできた。

「これは勝負にならない」と観念した幾造は、

「この中に、三百両入っている」

と捨て台詞を残して、未練なくその場を立ち去った。

甲府に戻り、逸平がこの一件を報告すると、逸平は言った。

「よくやってくれた」

三百両程度の金は、また稼げば良い。それよりも逸平にとっては、幾造が無事にいてくれることがうれしかったのだ。兄弟の絆を示すとともに、「金がすべてではない、命があれば、また儲けられる」という若尾の商売に対する自信がうかがえる。

なお、このとき幾造が抜かなかった刀は、宝物として若尾家に伝わった。後年、幾造が襲われた地を若尾家が買い取り、記念の地として残したというエピソードが伝わる。

下村善太郎にしても、同様のエピソードが伝えられている。後年、番頭などを雇うようになってからは、番頭が商用で出かけるときは、常に注意していた。

「もし万一盗賊に出会ったときは、金は取られてもよいから、つまらぬ抵抗などして怪我をしてはいけない。金を取られてもまた稼げばいいが、体はかけがえがない」

さらに

「盗賊に遭遇して金を取られるような運に見放されたときは、商売を行ったところで儲かりはしないだろう。商売で損をしたと思えば悔しくはない」

などと口癖のように語ったという。

二人に共通しているのは、百戦錬磨の道をくぐり抜けた商売人の自信とでもいったらよいだろうか。

「金は奪われても、また、いくらでも儲ければいいのだ」という自信。健脚と情報収集と、自らの知力をフル活動して、横浜随一の生糸商人の座を築いた男たちの胆力とプライドが垣間見える。

上州生糸商人たちの躍動

横浜が開港した初期において、若尾兄弟や横浜に出店していた甲州屋忠右衛門らといった甲州の商人たちも存在感を示していたが、その数で圧倒していたのは上州商人たちであった。

生糸需要の急激な増加によって、上州中の生糸が集散する前橋の生糸相場は活況を呈した。前橋生糸相場は、一八五六（安政三）年から一八六七（慶応三）年にかけて六倍以上に高騰している。前橋に集散される上州産生糸は、「前橋提糸《さげいと》」と総称され、その品質は外国商人からも高く評価された。生糸ならなんでもよいというわけではなく、当然ながら品質の良いものの方が価格も高くなる。当時、前橋提糸は国産生糸の最高峰であった。

ゆえに、日本産生糸をヨーロッパでは、「マイバシ」と呼んだ。外国人居留地の一角には「前橋町」という通り名まで付けられるようになるのだ。

こうした中、横浜で活躍する上州商人たちが続出するのも当然であろう。

すでに横浜の生糸貿易に先鞭を付けた中居屋重兵衛については述べた。重兵衛の他にも、横浜に出店した上州商人には、一八六〇（万延元）年の調べでは、藤井新兵衛（前橋）、加部安左衛門（吾妻郡大戸村）、上州屋平八・穀屋清左衛門（多野郡吉井町）、藤屋藤三郎（山田郡桐原邑）らがいた。

これらに加えて明治初年にかけて、茂木（野沢屋）惣兵衛（高崎）、不入屋伊兵衛（山田郡大間々間）、吉田（吉村屋）幸兵衛（勢多郡新川村）、伏島近蔵（新田郡藪塚村）らが挙げられる。

一方、各地で生糸を買い集め横浜に送り込んだのが、在方荷主と呼ばれる生糸商人たちだ。若尾逸平と共に両巨頭とされ、覇を競った下村善太郎は当時はまだ八王子に拠点を置いていたが、当然、自らの故郷である前橋提糸も買い集めた。善太郎以外にも、勝山宗三郎や竹内勝蔵、江原芳右衛門らといった前橋の生糸商人が活躍した。

そして、前橋に生糸の仕入れに訪れるたびに、善太郎が地元の商人たちと交流し、八王子に拠点を置きながらも故郷前橋と密な関係を築くようになっていった。

それが、やがて善太郎の次なるステージにつながっていく。

五品江戸廻送令の背景

生糸市場に集められた生糸は、ほとんどが輸出に回されてしまったため、機業地では原料となる糸の深刻な供給不足に見舞われてしまった。

上州はその最たるもので、生産される生糸の大半は前橋市場を通じて横浜に送られた。そのため、当時、日本を代表する機どころであった桐生は大きな打撃を受けて、ほとんど休業状態に陥っていた。

桐生では開港の年一八五九（安政六）年七月、織屋仲間が生糸輸出禁止を幕府に嘆願した。さらに、同年九月には、関係する三五カ町村が連名で訴状を幕府に提出した。代表が大老井伊直弼に直訴する事態にまで発展した。それほどまでに追い詰められていたのだ。

織物といえば、西の雄たる京都西陣も苦境に陥っていた。従来、上州の「登せ糸」

の供給を受けていたが、大幅に減少してしまった。そこで、幕府に生糸の輸出制限を訴えている。

こうした事情を背景に、国際貿易経験の少ない幕府とすれば、輸出の急増は国内需給の調和を乱し、人心を不安に陥れるのではないかという杞憂を抱えた。

一方、開港から時間を経るに従って横浜の海外貿易が盛んになり、多くの商人たちが集まって賑わいを見せている。一八六〇（万延元）年には、横浜には生糸売込問屋が九三にも及んでいた。江戸の商業は少なからず影響を受けていた。江戸の商人としても、流通から自分たちが中抜きされてしまっているから、貿易が増えても恩恵がない。そんな江戸商人の幕府に対する働きかけもあった。

下村善太郎の知恵

そして、同年三月、幕府は、「江戸廻し令（五品江戸廻送令）」を出した。海外貿易で外国によく売れている生糸、呉服、水油、雑穀などの五品は、いったん江戸に集め、問屋を経由しなければならない。横浜に送るのは売れ残ったもの。幕府の指図によって輸出量を決めるというものだった。

この頃、江戸には絹物十人組という糸問屋の組合ができ、そこに参加しているのは、伝馬町大清、京橋京平、油町辻新など主に日本橋周辺の糸問屋だった。輸出生糸は、いったん、この絹物十人組の検査を受けなければならない。手数料は生糸一個（九貫目）に付き二両二分。一日の検査数には制限があった。荷主は手続きを早めてもらうために、追加の手数料を払うなど、順番を早められるような工夫を行った。横浜における売り込み額も一人当たりの制限が設けられたのだ。

翌一八六一（文久元）年九月には、さらに幕府は横浜関内に生糸を持ち込むことを禁じた。

このとき、善太郎は前橋提糸八梱を持って、仲間の河又仙蔵と共に船で江戸に廻って神奈川まで来て三文字屋なる宿屋に宿泊しようとした。発令前夜のことであった。この情報をどこからか得た善太郎は、宿泊を取りやめ、横浜でその日のうちに生糸を売却し、相応の利益を得ることができた。

一方、油断して宿泊した河又仙蔵は品物と身柄を拘束され、翌年の正月まで神奈川に留め置かれることとなった。解放され、売り込んだものの、相場は下落していて大損してしまった。

まるで、善太郎が出し抜いたようにも思われるエピソードであるが、善意だけで商売はできない事情があった。

この当時、横浜では一人が一日当たり千斤以上の生糸を売ることが許されなかった。しかも一四人までという制限まであった。一問屋当たり一日一〇駄、すなわち四〇梱以上を横浜に輸送することも禁じられた。江戸で検査を受けた後の横浜への出荷は、江戸への入荷の順番通りに行うなどの決まりがあった。

抜け目のない善太郎は、偽糸百梱をあらかじめ江戸堀江町の質屋に入質しておいて、江戸への先着順の権利を得ておき、必要に応じて後から江戸に実物を運んでから横浜に出荷する方策を編みだし、巨利を得た。

こうした五品江戸廻送令を巡る善太郎の商行為は、『横浜開港五十年史』（下巻）に描かれている。

当然、五品江戸廻送令は他の生糸輸出商人たちにとっても手痛い打撃だった。酒樽や畳などの中に生糸を隠して横浜の役人の目をごまかそうとする者もいた。役人に賄賂を渡す者もいたが、発覚して割腹させられた者もいた。

初期においては善太郎は中居屋重兵衛の売り込み店舗を通して生糸を売りさばいて

いたわけだが、横浜生糸貿易の先駆者だった重兵衛本人が一八六一年八月二日、謎の死を遂げている。重兵衛は五品江戸廻送令を出した幕府に対して抗議を行い、その通達を無視したために、投獄され、財産を没収され、獄死あるいは病死したという説がある。重兵衛が五品江戸廻送令違反で捕縛されたというのは『横浜開港五十年史』(下巻)に記されている。

しかし、後年、遺族の証言によれば、身の危険を感じた重兵衛が横浜を脱出し、江戸に身を潜めていて病死したというのが真実だったようである。ただし、このとき、重兵衛の体には吹き出物があり、毒殺も疑われたという。

横浜における日本人商人を代表する気概のあった重兵衛は、外国商館と日本問屋とのトラブルに際しても調停役を引き受けた。英国ジャーディン・マセソン商会のケセウイッキ代表とも短銃と刀で対峙するといったエピソードも残る。そんな重兵衛だけに、開港する際には横浜出店を勧めておいて、すぐさま貿易統制を始める幕府に対しもの申すという商人魂を持ち合わせていた。重兵衛が失踪を遂げた後、重兵衛の豪華絢爛な商館は火災で灰燼に帰した。

上州生糸商人にとっても重兵衛の存在は大きかったはずだ。当時、五品江戸廻送令違反と重兵衛の失踪はリンクして語られたことだろう。そんな様子を情報通の善太郎も間近で見ていたはずだ。

一歩間違えれば、罪に問われかねない中、善太郎の巧みな戦略、そしてひるまずに実行に移す度胸は、並の商人の比ではなかったといえるだろう。

また、情報収集に特に力を入れていた善太郎ならではのエピソードが残されている。幕末は通信もない、交通網もせいぜい飛脚、馬車、舟運ぐらいしかない時代。早飛脚を使うことはもちろんであるが。善太郎はあらゆるネットワークから注意深く情報を集めた。そこから生糸の価格の上げ下げを読み取っていたものと思われる。

あるとき、善太郎は荷主仲間に対し、

「日頃お世話になっているお礼として一席設けたい」旨の案内状を出した。当日、料理店に荷主たちが向かうと、善太郎の姿がない。

「みよしやはどうしたんだ?」

荷主たちが女将に聞くと、

「上州に急用ができたため来られなくなったそうです。皆さんに失礼のなきよう、もてなしてくれとのことです」

そこで、一同はハッと気がついた。

「生糸が値上がりするぞ！」

宴席もそこそこに、一同は産地へ急いだ。上州へ急いだ者は、前橋に向かう途中、何頭もの馬に生糸を積んだ善太郎に遭遇した。もちろん、前橋では生糸が買い占められた後だった。

電信や鉄道といった通信技術のない時代においては、日本の生糸商人だけでなく欧州の実業家も情報収集に独自の工夫を凝らした。財閥であれ一商人であれ、情報こそは商売の成否を分ける生命線であった。情報収集と商売に関わる知恵と工夫は、善太郎の真骨頂である。情報網の利用は、通信網・交通網未発達の時代ゆえ、余計に他商人を先んじることに役立ったものであろう。

若尾逸平の目論見

五品江戸廻送令に違反すると、賄賂をもらった役人が死罪となるだけではなく、生糸商人の中にも捕縛されて牢屋送りとなる者も少なくなかった。若尾逸平の地元甲州東郡の商人に中にも捕らえられた者が一三人もいて、牢死した者もあった。もちろん生糸の相場は下落し、六〇匁の糸が九〇匁に急落した。

生糸商人は、一大恐慌状態となった。

そんな中、横浜に向かっていたはずの幾造からの便りが、忽然と途絶えた。甲府の若尾兄弟の家は「いったい、幾造はどうしたのだ？」と大きな騒ぎになっていた。

「幾造も捕まってしまったのか」

家族一同はその心配をしていた。逸平は「幾造はそんな失敗はおかさない」と信じて、平静を装った。甲州糸を扱う生糸商人たちが斬首に遭う、磔刑にされる、といった噂が飛び交っていた。

発令から一七日目の夜、心配する家族の元へ、幾造がひょっこり帰ってきた。

「全く馬鹿馬鹿しい騒ぎだ」

開口一番、幾造は口に出した。

「馬鹿役人が蔓延《はびこ》る世の中だから、幕府がこんな状態になったんだ」

と逸平も応じた。

江戸で生糸輸出制限の噂を聞いた幾造は、信州まで行って糸の相場を調べながら甲府まで戻ってきたのだ。もちろん、信州の糸相場は暴落していた。

ここで、逸平が採った策は、暴落した生糸を買い占めるというもの。この生糸の輸出制限策はいつまでも続かないと読んで、安値のうちに買い集める。横浜での生糸輸出が再開された時点で、一気に勝負をかける。二人は、八王子方面、信州方面へと手分けして回り、手広く手付けを打った。

他の糸商人たちは自らの身の安全を確保することに汲々とし、買い方に回るという発想を持つ者などいなかった。

この逸平の読みはまんまと当たり、横浜での生糸輸出が再開されると、生糸の相場が再び上がり始めた。そして、逸平も多くの利益を上げることができた。

逸平の剛胆ぶりもなかなかのものである。一歩間違えれば、莫大な在庫を抱えることになった。

ここで注目したいのは、同じ五品江戸廻送令という苦境を前にした、生糸の荷主である横浜両巨頭の対照的な対応策だ。情報収集とそこから戦略を練る才能は共通している。それが真逆の作戦となって現れているのが面白いところだ。

ところで、幕末において五品江戸廻送令ほど反発を呼んだ法令はそうはない。横浜をはじめとする地方の生糸商人には害悪以外の何物でもなかったし、また良質な生糸を大量に買い付けようと考えていた外国商人にとっても邪魔者だった。同じ幕府内でも江戸の糸問屋を支援する江戸町奉行は推進派。反対派である、外国との関係や横浜商人への影響を懸念する神奈川奉行との間で、意見の対立もあった。

ともあれ、五品江戸廻送令の出た翌年に当たる一八六一年は、前年よりも輸出量が減少しているから、幕府側にとってみれば効果はあった。

国内外からの反発が止むことはなかった。

江戸の特権商人と地方の生糸商人の間で紛争が頻発した。命令をかいくぐって横浜に商品を送る者も多く、取り締まりきれなくなった。そうして、やがて有名無実化していく。

幕府は、再度、五品江戸廻送令を補強するため、一八六三（文久三）年、生糸の輸出制限政策をとった。しかし、生麦事件による外国との関係悪化などもあって、輸出統制を強められるような状況でもなかった。しかも、江戸では特権問屋に対する殺傷事件が発生し、江戸問屋自身が生糸取引から手を引きたいと思うようになっていた。翌年、幕府は輸出制限の解除に追い込まれた。五品江戸廻送令はここで実質的に終わったが、形式上廃止されるのは一八六六（慶応二）年になってからだった。

一方で、「江戸問屋による荷改めという点では、ほぼ全面的に実施され、輸出向生糸は江戸を経由して輸出されていた」(『新八王子市史　通史編5』という指摘もあることを付け加えておく。)

ともかく、幕府の統制策は、いったん自由貿易の味を知った商人たちのパワーを押さえつけることはできなかった。

生糸商人の通った絹の道

さて、これまでたびたび甲府を拠点にする若尾兄弟が八王子の中継点を経由しつつ横浜へ向かったという話をした。八王子に居を構える下村善太郎にしても甲州や上州、奥州など実に多様な産地から生糸を買い集め、それを横浜に持ち込んだ。果たして、善太郎や逸平は、どのようなルートで生糸を横浜に持ち込んだのであろうか。

生糸の集積点だった八王子から横浜に生糸を運んだ道は「絹の道」として知られる。「浜街道」とも「絹街道」とも言われる。

この「絹の道」とはどのようなものだったのか。

そもそも、鎌倉街道なる道が各地に存在しているように、横浜への運搬ルートも複数あったので、「絹の道」も一つには限定できないという考え方が一般的だ。

だが、この場合、八王子から横浜に至る「絹の道」といえば、コースは限られる。江戸時代、八王子から相模国に至る道は、四つのコースがあり、このうち最も横浜に近いルートとして、厚木往還から片倉で分かれ、鑓水峠を越えて田端、小山を経て原町田につながる鑓水道了堂道があり、これが「絹の道」だ。

「絹の道」といえば、あたかもすべての絹が、この道を通って横浜に運ばれたかのような印象を受けるかもしれないが、開港から維新までの幕末期において、中心となっているのは上州・奥州産であり、例えば一八六四（元治元）年の横浜への生糸出荷量を見ると、全体九七〇〇駄のうち、奥州・羽州・上州産で六五〇〇駄を占め、甲州・信州産は二千駄に過ぎない。奥州・羽州・上州産までが八王子を経由するのは無理があるだろう。

また、前述したように、五品江戸廻送令がすぐに有名無実化したという説がある一方で、江戸問屋による荷改めはほぼ全面的に実施されたという説もある。江戸問屋の取扱量と横浜輸出量がほぼ一致し、一八六三年以前はむしろ「抜け荷」が例外だったという指摘もあるのだ。

こう見てくると、八王子から横浜に至る「絹の道」は開港直後の一八五九年六月から五品江戸廻送令が出される一八六〇年三月までは、八王子や甲州方面を拠点とする生糸商人たちが横浜への道として利用したと考えられるが、その後はどうだろうか。

一八六〇年三月以降、五品江戸廻送令が実質的に有名無実化する一八六三年までは、生糸は江戸を経由したと考えるのがよいだろう。だから、八王子や甲州方面の生糸商人たちは、五品江戸廻送令が実質的に効力を持っている間は、甲州街道で生糸を江戸に運んだはずである。

そして、最終的には一八六六（慶応二）年には、法令自体が廃止されている。

そう考えてくると、下村善太郎は、少なくとも、一八五九年から一八六〇年までは「絹の道」を通ったのではないか。

善太郎は生糸をさまざまな産地から集めているが、故郷の上州産＝前橋提糸を仕入れることも当然多くあった。とすれば、このときは前橋から江戸を経由して横浜に送ったと考えられる。『横浜開港五十年史』（下巻）にも、「前橋糸八梱を携へ、川舟にて江戸に廻り」という記述がある。上州からの生糸は、倉賀野河岸や平塚河岸から利根川を経由して最終的は江戸川で江戸まで運ばれることが多かった。

『新八王子市史　通史編5』では、「この時期（幕末）の主力は奥州産と上州産であるので、輸出生糸の大半は、鬼怒川や利根川の舟運を利用し、江戸川を下って江戸に入り、江戸からは陸路のものと合わせて、海上送致で神奈川湊に水揚げし、最後の横浜へは陸上輸送された」とある。

善太郎の多方面にわたる産地からの買い入れを考えると、横浜に至るルートは多数あったのであろう。

一方、甲州方面からの生糸運搬についても相模川を利用した舟運だったという考え方もあるようだが、伝記『若尾逸平』を見る限りは、徹底的に徒歩である。

健脚ぶりを誇った下村善太郎や若尾兄弟は、ある時期までは「絹の道」を自分の足で歩いたことは確実である。

第五章

生糸商人としての盛衰

横浜での生糸の取引を開始して二年目の一八六〇（万延元）年十一月、八王子の下村善太郎の元に、父・重右衛門が重病との知らせが届いた。

父の死と故郷への思い

驚いた善太郎が急いで前橋の実家に戻ってみると、病状は思ったよりも重かった。善太郎は夜を徹して看病に当たったが、数日後の十一月八日夜半に息を引き取った。

「せめて、私が故郷へ錦を飾ることができるまで生きていてもらいたかった」

善太郎は悲嘆に暮れた。

野辺送りが終わった後、善太郎は思案の末、母よしに言った。

「ご心配かけてすまないが、あと三年八王子で頑張りたい。もう三年も経つと、商売でも相当なところまで到達できると思う。本当はお母さんと一緒に八王子で暮らせればいいのですが、どうですか」

これに対して、よしは住み慣れた前橋にとどまることを選んだ。

「私のことは心配しないで、安心して思い切り働いてきなさい」

善太郎は老境に入った母の元へ、自らが宣言した三年後に帰れるように、それからは以前にも増して商売に力を入れた。横浜での生糸取引という儲けの種を最大限活用して資本をできるだけ積み増しするという強い志を抱いていた。

時はちょうど五品江戸廻送令の発令に当たり、策を練っている頃。善太郎の商売上の知略は冴え渡り、生糸商人の頂点に立てるはずだという自信もあった。

故郷に錦、そして前橋城再築

下村善太郎は、八王子を拠点に、前橋をはじめとする生糸産地、江戸、そして横浜を奔走しながら、五品江戸廻送令という生糸商人への逆風の中にあっても、臆することなく着実に資産を増やしていった。

母よしと約束した三年後の帰郷に向けて商売は順調に進展していた。

そして、ちょうど三年後に当たる一八六三（文久三）年には、善太郎の資産は一万両にも及んでいた。これは、現在の貨幣価値に換算すれば、二億六六〇〇万円に該当する巨額な資金だ。前橋を出奔して、一四年にして築いた。故郷に錦を飾るに十分すぎる成功だった。

前橋を出た当時、八王子は繭糸商人の集まる賑わいのある商都だったが、横浜貿易の開始以降は前橋提糸の名声が海外にまで及んで高値を付け、中居屋重兵衛の商館を拠点に、前橋の生糸商人たちが躍動した。善太郎もこうした中で交流するうちに、八王子よりも横浜に遠い前橋を拠点にしても十分にやっていける目算もあった。むしろ、前橋を拠点にする方が、良質な生糸の仕入れという点では圧倒的に有利だろう。

善太郎は、前橋へ引き上げる好機だろうと考え、帰郷を決めた。

一四年間も暮らしているうちに家財道具も増えた。その多くは、八王子で世話になった人や近所の人に配ってしまったが、めぼしい物だけを残して前橋に持ち帰ったが、馬六駄ほどになった。

八王子に移り住んだ二年目に同居を始めた祖母も、元気に共に前橋に戻ることができた。

家族、荷物と共に前橋に戻ってきたとき、善太郎は感無量だった。もちろん、それまでも前橋提糸を買い集めるために、たびたび前橋の地は踏んでいたが、今回ばかりは格別の思いがこみ上げた。

追われるようにして去った故郷であった。「絶対に故郷に錦を飾ってみせる」と心に秘めて、一四年間、商売一筋に懸命に頑張ってきた。前橋に帰郷した一八六三年から、善太郎にとっても新しい活躍の道が開かれることになった。まだ三六歳と若く、働き盛りだった。長年にわたって「故郷に錦を飾る」ことを原動力としたことで、故郷前橋に対する思いは、ますます大きくなっていた。

一四年前とは異なり、前橋の街は活気にあふれていた。生糸景気である。大手の商人の多くは荷主となって横浜と取引し、輸出景気が活況を呈していたのだ。一例を挙げれば、江原芳平、勝山源三郎、松井喜平、三河伊平、勝山宗三郎、松井文四郎、竹内勝造、市村良助、大島喜兵衛といった大店の諸氏である。

そして、善太郎の帰郷に前後して、前橋では町民たちの長年の宿願が実現し、喜びに湧いていた。かねてより嘆願していた前橋城の再築が決まったのだ。そんな事情もあって、いっそう街は活気づいていた。

かつて前橋城は利根川に浸食されて、本丸が崩壊の危機にさらされていた。城主の松平氏は転封が多く、城を修復する余力がなかった。一七六七（明和四）年、藩主松平朝矩《とものり》は、幕府の許可を得た上で前橋城を放棄し、武蔵国川越城に移ってしまった。以降前橋藩ではなく川越藩となった。前橋城一帯は川越藩の分領として陣屋支配となり、前橋城は一七六九年に破却されてしまった。

殿様がいなくなり、藩自体もなくなって分領となった前橋。最大の消費者でもあった藩士の数が激減したため、街は衰退していった。人口、戸数ともに減少の一途をたどった。これに対して、同じ上州でも高崎や伊勢崎、館林、沼田、安中などの城下町は江戸後期には大きく発展した。

荒廃した前橋領では、領民たちによる前橋城再建・領主帰城への要望は長年にわたるもので、再三にわたって松平家に帰城が請願されていた。

こうした中、天保年間には利根川の改修工事が行われ、廃城の原因となった利根川の流勢を西側に反らすことができ、城を再築したとしても再び崩壊する危険性は去っていた。

そして、一八五九年に始まった横浜からの生糸輸出の波に前橋商人たちが乗ったことで、街は一気に豊かさを取り戻した。再築資金についても有力商人たちの強力な後ろ盾を得るめども付いた。

川越藩主松平直克は幕府に願い出て再築の許可を得て、善太郎が前橋に戻った一八六三年、ついに再築が始まった。

前橋に戻ってきた善太郎は、父が営んでいた小間物屋「三好善《みよぜん》」の看板を糸繭商に切り替えて、前橋を拠点とした商売を再開していた。

そんなとき、善太郎の下にも前橋城再築に関わる献金の話が持ち込まれた。善太郎は商売を始めてからというもの、全身全霊を込めて仕事一筋に打ち込んできたから、他のことに目を向ける余裕はまるでなかった。

このとき、善太郎は四百両ほどを出資した。現在の貨幣価値に換算すると、一千万円ほどになる。領内から総額五万二四〇〇両もの献金が集まった。善太郎よりも多額の資金を献金したものは七百両の荒井久七を筆頭に六人いた。額からいえば、善太郎は商人のうち七番目。善太郎が公共事業に投資する初の出来事であった。

その後、前橋城は一八六七（慶応三）年に完成する。工事に関わった延べ人員は七万四千人ほどに及んだ。同年三月、松平直克が入城し、前橋藩が再興した。藩士も前橋に移り住み、街はますます賑わっていった。

財力を使えば、街の発展を促すことができる。それができるのは商人しかいない。そして、自らも大商人に成長したという自覚も生まれたに違いない。再築の経緯と賑わいを見た善太郎にとって、前橋城再築はその後の活動につながる大きな転機となっていった。

前橋に拠点を移した善太郎にとって都合が良かったのは、以前よりも容易に外国人バイヤーに高く売れる良質な前橋提糸が入手できるようになることだった。

円熟味を増す「みよぜん」

そもそも、一六八二（天和二）年には早くも当時の前橋藩主酒井氏が本町に生糸市場を開き、毎月四・九の日を市日としていた。

そして、前橋に移転した一八六三年は五品江戸廻送令が有名無実化した年でもあり、ますます自由に、盛んに、生糸貿易で腕を振るうことができるようになった。だから、善太郎にとっての生糸ビジネスの本番は、むしろ前橋に戻ってきて以降といっていいだろう。

横浜までの距離は遠くなったが、八王子時代から善太郎は巧みに早飛脚を用いていたことは述べたとおりだ。前橋で「三好善」を継いでからは、小泉藤吉という男を飛脚として重用した。藤吉は母と二人で前橋へ流れてきた。口入れ宿の斡旋で、善太郎の妻せゑの里方に当たる立川町（現・前橋市立川町）のお店で丁稚奉公していた。藤吉は体が大きく健脚だった。この藤吉を飛脚として引き抜いたのが、善太郎だった。「小泉」という名字は、奉公先からもらったものだ。

藤吉は、横浜、前橋間の歩き屋として善太郎の事業を支えた。こうした飛脚を巧みに操り、善太郎は世間の商人よりも一日ほど早く横浜における糸の相場情報を得ることができた。

他の生糸商を上回り、日本で随一の在方荷主の座を若尾兄弟と競うまでになったのは、この情報収集のスピードにあった。電信も鉄道もない時代にあっては、いかに早く相場をつかんで、機を見るに敏な生糸出荷を図るかが勝負の決め手だったのだ。一刻一刻と移り変わる商売の状況を見定め、機略を練る。莫大な利益を生み出す秘密は、善太郎の経験と才能から生まれた。

八王子時代は飛脚問屋「嶋屋」と手を結んでいたというが、藤吉はいってみれば「三好善」の社員のような存在だった。それこそ善太郎の手足となって活躍した。藤吉は「三好善」の中で、だんだんと出世して、最終的には番頭になった。

また、中居屋重兵衛亡き後、善太郎の横浜における拠点はどうなったのだろうかという疑問が残る。明治期には長男の善右衛門が原商店の一室に出店していたことからも、一八六二（文久二）年に原善三郎が開業した生糸売込問屋「亀屋」、さらには同じ上州の高崎出身、茂木惣兵衛の生糸売込問屋「野沢屋」などと取引したものと思われる。

横浜開港以降、急増する生糸需要に対応するため、粗製濫造による粗悪品が出回っていたことも事実である。粗悪品が「前橋提糸」の名をかたれば、ブランドイメージが悪化してしまう。それはどうしても避けなければならないことだった。

そのため、開港から三年目となる一八六一（文久元）年、藩は生糸の品質を検査して、粗製濫造による粗悪品を排除する生糸改所を本町通りに設けた。

元来、日本では太糸がメインにつくられていたが、ヨーロッパでは細糸が好まれた。細糸の方が同じ重量の生糸で、より多くの生産品が生まれる。しかし、当然、太糸よりも細糸は弱いから、切れにくく強い細糸でなければならない。ヨーロッパを主要な輸出市場と考えた日本の多くの生糸生産地では、細糸の大量生産に向かった。しかし、需要に応えることを優先し、細糸を粗製濫造したために、製品になったときに切れやすいというデメリットが頻出し、日本産生糸の評判を下げることにつながるのである。初期の前橋産生糸は、細くても切れにくいという良質さが評価された。だから、粗製濫造を防ぎ、この良質さを堅持しなければならない。

前橋はもちろん日本を代表する生糸商人に成長していた善太郎は、一八六六年、生糸改所の取締に任命された。名実ともに、生糸商仲間、そして藩からも、前橋随一の商人と認められたのだ。善太郎はロンドンで「マイバシ」として高い評価を受ける前橋提糸の価値を保つため、生糸の品質管理を生命線と考えて、全力で取り組んだ。

この年、藩主・松平候から永年名字帯刀を許された。

　前橋では、生糸の粗製濫造に危機感を覚える人たちが多く、生糸改所が設置され、品質維持のためのシステムづくりに力が注がれていた。

独自技術の若尾機械

こうした事情は甲府でも同じで、特に若尾逸平は生糸の品質に憂慮していた。

「このままでは、貿易でも生糸はやがて振るわなくなる。なんとかしなければならぬ」

この頃、甲州のお隣、信州飯田産の生糸は百斤四百枚だが、地元甲州島田糸は百斤三百枚と大きく差が出ていた。それは、もちろん糸を引く工女たちの実力差もさることながら、糸のつくり方の違いにあった。飯田産は、糸の取口がきれいにそろっていた。

輸出用に生糸の価値を高めるには、品質が良く、取口がそろっていなければならないのだ。すべてが高いレベルで整った製品にしなければならない。甲州島田糸は、製造が乱雑でしかも糸口がまちまちで一定していなかった。逸平は、この部分を改良しなければ、高い価格で売ることは不可能であろうと考えていた。

そのためには、どうすればよいか。

「人の手に頼るだけでは、美しさを一定に保つのは無理だろう」

こう考えた逸平は、

「機械を考案しよう」

と決心した。

早速、逸平は、製糸機械の発明に心血を注ぐようになった。ちょうどその頃、逸平の商売上の知り合いだった甲州東八代郡左右口村（現・甲府市）の田中三四郎の番頭を務めていた伊藤太郎兵衛という人物が、前橋からある製糸機械を持ってきて、逸平に見せてくれた。

一八六二（文久二）年、逸平は、島田糸の製造機や前橋の製糸機械を参考に改良を重ね、とうとう一種の製糸機械を完成させた。もちろん、動力ではなく、人手によって回転するものだった。六人取り、八人取り、一〇人取り、一六人取りなどがあった。海外から先進的な製糸機械の導入がない幕末においては、一大発明といってもよかった。

逸平は、この機械を用いて、事業を拡大しようと考え、すぐに実行に移す。

同年冬、逸平は、甲府の山田町三丁目に家を借り、そこに六人取りの製糸機械を一三台据え付け工女を雇って、そこで働かせた。さらに、愛宕町に家を借りて、ここでも八人取り一二台ほどを据え付け、同じように工女を雇った。

ここでできた生糸は、逸平の思惑通り、小口が揃い、光沢も美しかった。

「これなら、外国商人を満足させることができる」

逸平は、自信を持って、横浜に新しいシステムでつくり上げた生糸を送った。すると、逸平のアイデアから生まれた新たなる生糸は、外国商人たちから「市場のクイーン」として賞賛を勝ち取ったのである。

逸平が編み出した、人力によって動く製糸機械は、「若尾式機械」と呼ばれるようになった。上州などとは異なり、座繰り器の発達がなかった甲州において、器械製糸が発展する端緒を開いたのが若尾式機械であった。

これまでは、生糸を買い集めていたが、自らが生産し、かつ売るというスタイルとなった。当然、仕入れは健脚をフル稼働させるしかなかったわけだが、一カ所に労働者を集めて生産することで、飛躍的に事業は拡大することになる。

工場制とした前後、逸平が営む店には、店員が急増している。さらに連雀町にも工場を増設して、ますます増産体制に入った。

横浜から幾造を呼び寄せて、愛宕町の工場を任せた。幾造は妻のおすわを工女たちの監督とした。幾造は、だれよりも朝早く工場に出て、終日、執務に励んだ。

兄弟力合わせて生糸づくりに邁進した結果、百斤三百枚ほどにしか売れなかった生糸は、五百枚という高値を付けるようになった。日々の利益は三十両ほどにも及び、逸平はどんどん資金を積み増していった。

逸平の妻はつも本店の帳場を引き受けるようになり、経理や支払いなど細かな作業を一切合切こなした。このように若尾家は家族そろって、家業の盛り上げに努めるようになっていった。

しかし、一八六二（文久二）年の考案には異論もある。逸平の生糸出荷高が急増するのは一八六七（慶応三）年であることから、この時期ではないかとする考えもあることを付け加えておこう。

ちなみに明治維新後の一八七二年、政府は近代的な器械製糸を行う富岡製糸場をつくり、工女が各地に技術を伝播させることを期待したが、山梨県では翌々年、山梨県勧業製糸場を開設し、独自アイデアの製糸機械を採用した。富岡製糸場へ工女を派遣することもなく、独自技術の追求に終始し、一八七八年にはフランス万国博覧会に製品を出品し、銀賞を受賞するという成果を挙げている。

逸平の若尾機械に端を発する山梨の器械製糸の歴史には、独立独歩を行く山梨ならではの気概が息づいている。

住民の救済

一八六六（慶応二）年の凶作は深刻だった。全国で大量の餓死者を出した一八三六（天保七）年に匹敵するほどの大凶作に襲われたという。前橋は天候不良に加えて水害もあり、米麦は実らない。米価は高騰して、庶民に手の出るような価格ではなくなった。飢えが蔓延し、悲惨な様相を呈し始めていた。

自他共に認める大富豪となり、前橋城の再築にも多額の献金を行って、街を盛り立てることの重要性に気づき始めていた善太郎は、自らの商売のことのみならず、社会、とりわけ自分の愛する街前橋に、大きな関心を向けるようになっていた。この年、生糸改所の取締に就いて、社会的な責任も大きくなりつつあった。

「なんとかせねばなるまい」

善太郎は直ちに横浜へ向かった。南京米四万八千斤を買い入れて、多数の人夫を雇って前橋まで運び込んだ。

経済的に余裕のあるものには原価で分け、米を買う金すらない者には、夜間密かに寝静まった家の台所に米一俵を置いていった。

朝起きてみると、台所に米がある。誰が置いていったのかと憶測する余裕もなく、困窮していた人たちは「これで救われる」と喜んだ。

やがて、米を置いていったのは善太郎のやったことだという噂が前橋の街に出回った。このとき、助けてもらった人たちは、善太郎を「命の恩人」として長く感謝した。

一方、その前年、物価が高騰して米価が上がって、庶民の経済状況が悪化したときには、甲府に住む若尾逸平は、倉庫から二百俵の米を取り出して、土地の貧しい人たちに配った。

善右衛門から善太郎に

善太郎が生糸改所の取締に任命された翌年の一八六七（慶応三）年、領民の総力を挙げて建設中だった前橋城がいよいよ完成し、藩主松平直克が前橋にやってきて、前橋藩再興がかなった。

前橋藩の領民、とりわけ生糸商人とすれば、これでますますの繁栄の基盤ができたと歓喜に満ちていたであろうことは想像に難くない。

しかし、時勢は不穏な動きを見せていた。同年十月、将軍の徳川慶喜は朝廷に大政奉還を奏請した。ついで、十二月には薩長が中心となって王政復古の大号令が発令され、幕府を廃止し、天皇の下に新たな職を置いて有力な藩が共同で政治を行う形をとるようにしようとした。

これで決着が付くかと思えば、翌年早々には鳥羽・伏見の戦いに端を発する戊辰戦争へと突入する。鳥羽・伏見の戦いは、薩長が新政府から旧幕府の勢力を徹底的に排除する方針をとったために、幕府側が挑発されるように始まった。

同年三月、官軍は、一気に江戸まで兵を進めた。しかし、危ういところで、勝海舟と西郷隆盛の会談により無血開城となったのは周知のところである。

血気にはやる官軍がなぜ江戸攻めを取りやめたのかについては諸説があり、その一つに英国公使ハリー・パークスによる西郷への圧力説がある。イギリスとすれば、横浜で仕入れる日本産の生糸は非常に重要なものであり、幕府崩壊や内戦による混乱が貿易を不安定にすることを恐れたというのである。これについては、時系列から見てパークスの圧力は会談に間に合っていないから、西郷・勝会談に圧力が及ぶことはあり得ないという反論もあり、真相は分からない。

だが、パークスが江戸における戦乱を避けたかったのは事実であり、その理由に生糸貿易を挙げるのは真実味がある。当時、輸出される生糸で最も高く取引されていた主役が、前橋提糸であることを考えれば、その中でもさらに最も多くを取り扱っていた可能性の高い善太郎が果たした役割の大きさにも想像が及ぶ。

そして、明治になると、政府はすべての人に姓氏を許可したが、そのとき、江戸時代と同様に「……兵衛」「……右衛門」を名乗ってはいけないこととなった。下村善太郎と改名したのは、この時のことである。

若尾逸平の岐路

若尾式機械を備えた工場での生糸生産が成功し、良質な生糸が生産できるようになったため、逸平の事業はますます繁盛した。逸平や幾造の家族一同が関わり、さらに従業員もどんどん増えていった。これら多くのスタッフを細やかにとりまとめていたのが、逸平の妻はつで、その働きには逸平も頭が上がらなかった。

一八六七（慶応三）年、逸平四七歳のときには、資産が三万両に達した。

翌年、戊辰戦争が勃発した。三月初頭、官軍と近藤勇、土方歳三らの一隊が甲府で睨み合うといった状況があった。夜半、暴徒が逸平の店にやってきた。店を開けろ、開けないの押し問答の末、暴徒の目的を読んだ逸平は番頭らと共に一斉射撃を食らわせて撃退した。この暴徒は幕藩崩れで騒乱に乗じて、逸平の富を強奪しに来たのだ。逸平はこのとき、身内に一人のけが人も出さずに切り抜けた。もともと、武田の家臣だった祖先の熱い血がよみがえってきたかのような一夜だった。

逸平が考案した若尾式機械は、その評判を聞きつけた製糸家たちが次々と導入し、甲州糸全体の品質も上がっていった。

一八六九（明治二）年四月、いち早く始めた製糸機械による製糸業を全廃した。製糸家が増加し、上質な生糸の生産が増えてきたので、わざわざ逸平らが製造に力を費やすよりも、より広範囲から良い生糸を仕入れる方が効率的と判断した結果だった。上質生糸を広めるお手本は自分が示した、これからは量も追求するから商人に徹するという、逸平らしい判断だった。また、この年、新政府の鎮撫使の労に感謝し、一三五〇両を献納している。太田屋佐兵衛や風間伊七ら甲府の大商人と合わせ、合計で三千両の献金である。激変する形勢の推移を見定め、新政府に積極的に協力し、体制の安定を図ろうとしたのだ。

いったん始めた事業を全廃するとなると負のイメージがあるが、三年後の一八七二年、逸平の資産は十万両に到達している。この年、大蔵省から蚕種大総代、山梨県庁から生糸改会社副社長を命じられた。生糸商からの出世コースともいえた。

一八七二年、甲府にとっても逸平にとっても大きな出来事があった。甲斐には、武田氏支配の時代から長きにわたって実施されてきた大切、小切という住民保護の特殊税制があったのだが、新政府が全国統一の税制とするため全廃すると、甲斐全域の住民たちの間に猛反発の渦が巻き起こった。激しい暴動が起こり、その余波で逸平の店も再び暴徒に襲われた。

現金は無事だったが、器物、商品などの被害は一万円以上に及んだ。

維新後の混乱の中にあっても、逸平の商売はますます繁盛した。「本邦生糸界の大立て者」と評価される一方、生糸にとどまらず、蚕種、砂糖、綿糸などの輸出入にも関わった。資産も二五万円ほどにもなっていた。甲州一の大金持ちだ。

日本の生糸輸出という視点から見れば、一八七〇年代は開港直後と比べて、低迷期といってもよい状況だった。粗製濫造で評価を下げた影響もあり、また、普仏戦争の影響を受け、ヨーロッパ経済は低迷した。

若尾兄弟が横浜において盛んに取引し、二人が拠点ともしていた甲州屋忠右衛門は甲州産の物産を外国人に売っていたが、一八七〇年、「蚕種恐慌」によって破綻に追い込まれた。戦争によって養蚕どころではなくなったのだ。若尾逸平や雨宮敬次郎といった、後に「甲府財閥」を担う商人に活躍の場を与えた甲州屋であったが、投機ビジネスのリスクを読み切れなかった。

そんな折、一八七五（明治八）年、今度は生糸価格が大暴落した。二五万円も積み上げていた資産は、瞬く間に半減してしまった。

「このような激しい変動を受ける商売を続けていたら、いつかはまた元の一文無しになってしまう。自分一人なら昔のように天秤棒を担いで出直せばいいが、番頭や手代の者どもまでが立ちゆかなくなっては元も子もない」

逸平はつくづく考え込んだ。相場の大きな変動はもちろん大きなリスクだが、生糸相場で大きな利益を得るにはもはや競争相手が増えすぎて、うまみがなくなりつつあると考えた。

そこで、翌年、逸平は一族の安定を何よりも第一に考えて、事業をいったん清算して、全資産を親族や使用人に分配してしまったのだ。弟の幾造は、横浜の若尾家として独立し、本町四丁目に店舗を構えた。

逸平の手元に残ったのは、四万円だった。このとき、逸平五五歳。余生は公共事業に力を尽くそうと考えていた。先手先手を打ち、時代の先を読み通す逸平の相場観には驚かされるばかりだ。

生来の相場師だった二人

いったんは激しい相場変動に左右される生糸ビジネスから足を洗ったつもりの若尾逸平だったが、周囲は放っておかない。時折、生糸相場が大暴落すると、逸平の下には情報が寄せられた。

底値を見計らって買い占め、値が上がったところで勝負をかけるのである。

時は下って一八八五（明治十八）年、若尾逸平は群馬にいた。横浜の生糸相場はただ同然に暴落していた。こうしたときこそ、逸平は先を切って行動した。部下たちを八王子や秩父方面にやり、自身は群馬に向かったのだ。

六月二十八日の前橋を皮切りに、伊勢崎、本庄、安中、富岡、大間々など至るところで、これでもかというぐらいに生糸を買いまくった。周囲の商人らが呆れるほどに買いまくった。そのときの様子が伝記『若尾逸平』に描かれている。

元来上州前橋には、前にも記した「三好屋」と云ふ生糸の大商人があった。彼は一度に百梱の糸を横浜に出した事がある。長野、群馬、埼玉の三県を股にかけて大手を振って廻った。これを恐れぬ者は逸平一人であった。

「三好屋が百出すなら俺は少なくも百五十は出さねばならん」と力んで居った。

（中略）「甲州の若尾が来た！」と聞くと皆戦慄して其の手を引き、今は無人の境を行くような有様であった。兎に角「ソレ甲州の若尾が来た！」と言ふ声丈でも相場は幾分上がり気味であった。多数の市商人は逸平を取り巻いて数十名隊を成し、その向ふ所にぞろぞろ尾《つ》いてきた。（伝記『若尾逸平』内藤文治良）

何度か書いてきたように、逸平と善太郎は生糸市場の両巨頭である。この記述を見ても、逸平が善太郎を強く意識し、負けてなるものかというライバル心を抱いていたことがうかがえる。

しかも、このときは善太郎の地元上州での買い占めである。善太郎を意識し、目の前でその剛胆な取引を見せつけるかのような商売ぶりだ。このとき善太郎の方でも、「甲州から若尾がやってきて市場で生糸を買いまくっている」という情報を耳にしていたはずである。ことによると二人が顔を合わせる場面があったのかもしれないと期待したいが、記録には残されていない。

逸平は、これら上州の生糸市で毎朝真っ先に「これこれの相場では買わぬ、これだけの値段ならば、あるだけ買おう」と宣告して回ったと伝えられる。

そして、このときの買い占めの結果がどうなったか。

逸平やその部下たちが買い占めた生糸は横浜の幾造の倉庫に集められた。ここで逸平が理想とする価格に上がるまで数カ月待ち、「ここだ」というところで一斉に売り払い、それだけで数万円の利益を得た。このような取引を折に触れて行い、事業を清算して皆に分け与えた後に四万円だった逸平の資産はたちまちのうちに元と同様のレ

横浜為替会社融資引当生糸（明治６年12月）

（１個＝９貫）

融資先	住所	横浜問屋	生糸個数	融資額
				円
下村　善太郎	上州	吉田幸兵衛	100	25,000
		茂木惣兵衛	54	15,000
若尾　逸平	甲州	芝屋　清五郎	144	40,000
平形　藤一郎	上州	原　善三郎	55	15,000
大塚　惣兵衛	相州	〃	45	12,000
淀屋　甚助	岩代	吉田　幸兵衛	40	10,000
市川　良平	上州	茂木　惣兵衛	36	10,000
牧田　吉右衛門	甲州	原　善三郎	35	10,000
上原　清七	上州	茂木　惣兵衛	30	7,500
書上　林司	〃	吉田　幸兵衛	30	7,500
喜多屋　利助	岩代	金子　平兵衛	28	7,500
亀山　喜三郎	野州	〃	23	6,500
唐木　銀三郎	信州	〃	20	5,000
八木　卯兵衛	越後	茂木　惣兵衛	14	3,500
大塚　弥十郎	相州	原　善三郎	12	3,000
鈴木　宇右衛門	上州	金子　平兵衛	10	2,500
丸屋　安太郎	武州	茂木　惣兵衛	10	2,500
田中　平八	信州	〃	8	2,000
八木屋　平次郎	武州	原　善三郎	8	2,000
露木佐次右衛門	〃	〃	6	1,500
計			708	188,000

（『日本金融史資料』明治大正編第３巻104～５頁より作成）

『群馬県史　通史編８　近代現代２』より

ベルまで戻ったのであった。

一方、善太郎は明治に入ってからも堅実な商売を続け、確実に資産を積み増していった。一八七六（明治九）年には百万円となった。若尾逸平の資産が二五万円から半減したのはその前年のことだった。いかに善太郎の資産が莫大であるかが分かる。

その順風満帆に見える善太郎にしても、相場ビジネスの生糸商売では何度かの失敗もあった。

後述するように一八七六年には相場の下落で損害を被っているし、生糸ではないが、一八七八年から翌年にかけて、善太郎は渋沢栄一の従兄弟・喜作と組んで、米相場に手を出して、五、六万円の損害を出している。これは、現在の金額に換算すれば、大変な額である。米相場といえば、善太郎には苦い思い出があるはずで、部下たちにも博打に手を出すことを固く禁じていたが、なぜか再び投機的なビジネスに投資した。

一八九五年の夏には、生糸四千梱ほどを持っていたが、価格が下がる一方で、一七〜一八万円もの損失を出した。その後は徐々に持ち直したものの元手には到底及ばなかった。このときは、いわゆる「松方デフレ」の影響で国内が不況だったこと、自由民権運動が盛んで全国各地で暴動が頻発し世情不安が生糸取引にも影響した。

このように生糸相場は、明治以降、右肩上がりとは言いがたく、いかに相場を読むに長けた善太郎や逸平といえども、思うに任せないこともあった。

しかし、善太郎はビジネス上の多少の失敗ぐらいは気にしない人物だったようだ。「俺はどんなことをやったって、生活ぐらいはしていける。たとえ損をしてもかまわない、元が丸裸から始めた商売だから」と口癖のように周囲に語り、周囲の者からも「損益を眼中におかない」と見られていた。

一八七六年の「郵便報知新聞」には善太郎が登場しているので、引用しておこう。


上州前橋にて高名の糸商人みよしや善次（太）郎は十二年跡までは権衡（はかりのおもりとさお）を腰に刺し、二三円の資本にて少々の端下た糸の秤（はかり）買を致し居たる人なるが、横浜生糸の取引より大いに商益を得、殊に当年は生糸にて皇国一の大儲を致し、何れのか新聞にも記載有ましたが、商法の裏をかへし、種紙を三十八駄と買込み横浜へ出荷すると、折も折り土耳其（トルコ）騒動にて大下落と成、此度は皇国一の大損毛の隊長と成たれば、此上は洋行するより外に術なしと決定したるよし。（郵便報知新聞　明治9・12・2『明治あれこれ』みやま文庫より）

善太郎が「皇国一の大儲け」から「皇国一の大損」となっている様子が、全国紙のネタにまでなっている。この時代、善太郎が生糸界の有名人物として公に認識されていた証左となる記事である。

横浜における生糸貿易で、富を蓄えた生糸商人は少なくなかったが、日本と外国との間には不平等な条約が結ばれていた。しかも巧妙な外国商人との交渉は一筋縄ではいかないこともあった。

外国商人との戦い

幕末に日本を訪れた外国公館の職員や商人には諜報員が多かったといわれる。『ペリー提督・日本遠征日記』には、ある意味、日本人にとっては衝撃的な一節が書かれている。

「日本国内の法律や規制について、信頼できる十分な資料を集めるには、長い時間がかかるだろう。領事代理、商人、あるいは宣教師という形で、この国に『諜報員』を常駐させねばならない。これは確かである」

実際に、イギリス公使パークスやその部下アーネスト・サトウ、さらに長崎の武器商人トーマス・ブレーク・グラバーらは諜報員だったといわれる。前述のジャーディン・マセソン商会にしても清ではアヘン戦争に向けて暗躍したことが知られている。

逸平や善太郎が生糸を売り込んだ相手も、単なる商人ばかりではなかったとも考えられる。ましてや白人至上主義が横行する中、外国語を操れない日本人を騙そうとする輩がいてもおかしくはない。そんな事情を恐らく知っていたであろう中居屋重兵衛は、ジャーディン・マセソン商会のケセウイッキ代表と、短銃と刀で対峙したというのだから、その気概がうかがい知れる。外国商人といっても、マフィアまがいの連中も多くいた。

幕末のことになるが、横浜に常駐していた幾造が芝屋清五郎の店を拠点としていたときのことだ。持ち込んだ二五梱の生糸が「見本と異なる」というクレームを二三番館がよこし、代金を支払わない。交渉を重ねても代金を払わないだけでなく、糸も戻さない。さらに二三番館は「見本通りの糸を持ってこい」という。尋常の手段ではらちがあかないと考えた幾造は人夫を引き連れて二三番館へ殴り込みをかけた。どさくさに紛れて、倉庫から二五梱の生糸を奪い返した。

当時は治外法権の時代だから、外国人の悪事を裁くことができない。こういったトラブルは決して少なくはなかった。

時代は下り、一八八一（明治十四）年、原善三郎をはじめとする横浜の生糸売込商たちが立ち上がった。治外法権を笠に着て、不平等な取引慣行を続ける居留地の外国商人を相手取って、取引慣行の不平等さを改めるよう要求し、これが受け入れられるまで生糸売り込みを停止するという争議である。売込商でつくる組合は、地方の生糸商・製糸家に告知状を送り支持を求めた。

生糸は、明治日本における最大の外貨獲得産業であり、生糸の輸出は日本の命運を決めるものだっただけに、善三郎らの要求は大問題となった。

地方の生糸商・製糸家たちの中で真っ先に、この求めに応じたのは、山梨の有志たちだった。

同年十月、若尾逸平をはじめとする四五人が第十国立銀行に集まって、「山梨県生糸商盟約」を結び、争議が解決するまで、外国商人と取引しないことを誓った。

こうした動きには伏線もあり、山梨県勧業製糸場の元主任の地位にあった名取雅樹が、外国商人H・ルドビックの商会から融資を受け、甲府初となる蒸気動力の製糸工場を建設。ここで生産される生糸はすべて同商会に直送される契約となっていた。最新の生糸工場が外国商人の支配下に組み込まれることに、逸平ら山梨の生糸関係者の間に強い危機感を生み出した。

山梨県の生糸荷主らは、外商が公正な取引を拒むのなら、居留地の外国商人の手を経ずに直接欧米に生糸を輸出することを主張した。

だが、実際のところ、直輸出の実行は困難で、生糸の在庫は膨らむばかりで、生糸商や製糸家の資金繰りは苦しくなっていった。

一方、外国商人の側は居留地から外に出て地方の製糸家と直接取引できるようイギリス公使を通じて日本政府に圧力をかけた。

膠着状態が続く中、生糸売込商サイドは和解交渉に応じざるを得なかった。

直輸出というのは不平等な商慣行に苦しんだ中から生まれたアイデアであり、そこに果敢に挑戦したのが、上州の製糸家たちであった。田島弥平ら上州島村の蚕種家たちは、一八七九年から一八八二年までイタリアへ出向き蚕種の直接販売を行った。これに先立つこと三年前の一八七六年、善太郎は渋沢栄一と共同で蚕種の直輸出を行っている（後述）。

また、同年には、勢多郡水沼村（現・桐生市黒保根町）出身の星野長太郎が当時まだ二十歳だった弟の新井領一郎をニューヨークに派遣し、日本初の生糸直輸出を実現させている。星野は一八七四年、群馬県初の日本人の手による民間洋式器械製糸所、水沼製糸所を開設したことで知られる。

善太郎らをはじめ上州の製糸家・生糸商たちの進取の気性がうかがえる。

蚕種直輸出の真相

先ほど触れたように、一八七六（明治九）年、善太郎は渋沢栄一らと組んで、蚕種の直輸出を行った。その事実はいくつかの文献に書かれているが、詳細はどのようなものだったか、よく分からなかった。

また、先に紹介した「皇国一の大損」と報じられた郵便報知新聞には種紙を横浜に出荷したこと、そして価格が大暴落したことが書かれ、「此上は洋行するより外に術なしと決定したるよし」とある。蚕種の直輸出へ向かう決意と見ることもできる。

共同で蚕種直輸出を行ったとされる相手、渋沢栄一は、この件について何か言及しているだろうか。

デジタル版『渋沢栄一伝記資料』（渋沢栄一記念財団）には、同年十一月一日の日付で「是日栄一、益田孝・原善三郎ト共ニ蚕種抵当貸付所ヲ設ケ、蚕卵紙輸出ノ統制ヲ図ル。尋イデ下村善太郎・梅原親固ヲ伊太利ニ派遣シテ、抵当流品ヲ売却セシム。」とある。この経緯を詳しく説明しているのが『青淵先生六十年史』第一巻である。

明治九年政府カ蚕種ヲ買上直輸出ヲ試ミタルカ如キハ先生最モ関係アリ、其顛末ヲ案スルニ、明治九年欧洲養蚕不作ニテ蚕卵紙ノ価格騰貴シ、伊太利ミラン府ニ於テハ上等品一枚ニ付十二三法乃至十五六法ナルニ、横浜ニ於テハ伊太利商人安直ヲ唱へ、上等品一枚ニ付キ一弗五六十銭ニシテ、平均七八十銭ノ相場ナリ、青淵先生ハ益田孝・原善三郎ト謀リ、前年ノ如ク蚕種出荷ノ内ヲ廃棄ニ付セスシテ、価格回復ノ方法ヲ講シ、時ノ大蔵卿大隈重信ニ建議シ、国庫準備金ノ内ヨリ百万円ヲ目途トシテ借受、此内二十万円ハ洋銀他ハ紙幣ヲ以テ受取リ、之ヲ以テ蚕卵紙ヲ抵当トシテ資金ヲ荷主ニ貸付シタリ、之レカ為メ価格ハ頗ル回復シタル

モ結局抵当流込二十八万八千七百十六枚ノ多キニ達シタリ
右抵当流込ノ内精選良種ノ分十六万八千四百八十四枚ハ内務省勧業寮ニテ引受、内地予備品トシテ養蚕業未熟ノ地方ニ配付シ、各府県庁ヲ経テ飼蚕者へ配貸シ、豊凶ニ応シ代価ヲ取立ツルコト、シテ処分シ、残額十二万二百三十二枚ノ内十万枚ハ伊国ミラン府へ政府ヨリ輸出ヲ命シ、二万二百三十二枚ハ先生外二人ニテ引受同国へ輸出セリ、輸出請負人ハ下村善太郎・梅原親固両人ニシテ、彼地ニ渡航シ、翌年五月ノ季節マテニ五万千四十四枚ヲ売却シタルモ、六万九千百八十八枚ハ到底売残トナリ、廃棄スルノ止ムヲ得サルニ至レリ、之レカ為メ政府ハ紙幣七万八千百九十六円九十五銭ト洋銀二十万七千百四十四弗七十三セントヲ損失シ、先生外二人ハ二万弗二十七セントヲ損失セリ

（『青淵先生六十年史』第一巻より）

蚕種の横浜市場価格が暴落し、抵当流れ商品の直輸出を試みるという事業である。そして、その輸出請負人となるのが、善太郎と梅原親固なる人物。梅原は二本松の元藩士で、一八七三年に創立された二本松製糸会社の創立に参画している人物。同社は

一八七七年には米ニューヨークに生糸の直輸出を行っている。
このことは、果たして善太郎がイタリアに渡航したということなのだろうか。郵便報知新聞では、一八七六年十一月二十六日に、横浜港から米船シティ・オブ・ペキン号がサンフランシスコに向け出航し、その船にはイタリアに種紙を売るために四人の種紙商人が乗り込んでいたと報じられている。
この時、通訳として同行したのが、『八十日間世界一周』の翻訳者として知られる川島忠之助であった。彼の孫が著した『我が祖父　川島忠之助の生涯』には、この時の様子が詳細に描かれている。

一行はつぎの五人だった。明治政府の抵当流れになった産卵紙四十万枚を抱えた奥州二本松の士族崩れの梅原親固（一八三八～一八八二）、三好屋作太郎とその親族二人、雨宮敬次郎（一八四六～一九一一）である。

（『我が祖父　川島忠之助の生涯』）

三好屋作太郎！

「三好屋」である。善太郎が営むお店の屋号である。しかし、「作太郎」は分からない。「善太郎」の書き間違いではないか。しかも、親族も同行したようだ。本人が洋行したかどうかは不明だが、少なくとも三好屋に関わる人物が善太郎の命を受けて直輸出のために洋行したことは間違いないだろう。

一方、ここには渋沢栄一関連資料とは別に、雨宮敬次郎も同行したとある。雨宮といえば、後年、甲州財閥で若尾逸平と双璧といわれる存在になる人物である。雨宮は生糸や種紙の売買でも受けた資金のうち六千円を洋行話につぎ込んだのである。

この時、一行はサンフランシスコからサクラメントに渡り、さらにニューヨークへ。そこから大西洋を越えてフランスに渡った。汽車でパリに行った後、リヨン経由でイタリアに入った。一八七七年一月下旬、一行は目的地であるミラノに到着。一行はここに四月まで滞在して、種紙を売り込もうと奮闘したが、イタリア人の調子の良さに翻弄され、商談の方はさっぱりうまくいかなかった。一行はすっかり資金を使い果たしてしまい、横浜に帰り着いたのは六月十八日。雨宮による『過去六十年事績』にもこの間の経緯について同様な記述があり、やはり「三好屋作太郎」の名前が出てくる。

「三好屋作太郎」の謎は意外なところから解けた。下村家が所蔵する資料類の中に、親類筋にあたる鈴木家からの手紙があり、「前橋の岩崎作太郎様（伊太利へ兄、鈴木廣と洋行」との一節があった。

そして、さらに「故下村善太郎翁と未亡人㊥」（『上州及上州人』）の一節にはこうあった。

……商業上のことなどは桑町の内山長八、只今神明町に居る岩崎作太郎、田中町の分箭吉蔵など云ふ奮三好善の番頭をして居た……

これで、大方の事情は判明した。善太郎は、一八七六年から翌年にかけての蚕種イタリア直輸出に際して、自らの部下である岩崎作太郎と親族である鈴木廣らを派遣したのだ。

実は、一八七六年から翌年初頭にかけて、善太郎は前橋への県庁誘致運動の先頭に立って奔走していた。誘致問題の成り行きも気になる中、そちらを仲間の生糸商人らに託して、自分が十カ月もの長期間、不在にすることはできなかったのであろう。善太郎本人が渡航し、舌先三寸のイタリア商人と相対していたら、結果もまた違ったものになっていたかもしれない。

この時の直輸出洋行は不首尾に終わったが、アメリカとフランス、イタリアを回ったことは一行に大きな影響を与えたに違いない。一行はアメリカで見た絹糸紡績の器械が忘れられずに、帰りの船を上等から中等に落とし、その金でイタリアでは最も小さい絹糸紡績機を買った。

善太郎が改良座繰工場の昇立社を設立したのは、作太郎の帰国から二年を経た一八七九年。この年、田島弥平らの島村勧業社が初めてイタリアへ蚕種の直輸出を行った。彼らは一定の成功を収めることができた。

昇立社の設立と興隆

前橋では江戸期の比較的早いうちから生糸の市が立ち、横浜が開港すると、下村善太郎を筆頭に多くの生糸商人たちが、覇を競うように生糸を商った。前橋提糸は欧州では「マイバシ」と呼ばれ、人気を集めた。

一八七二（明治五）年に開業した富岡製糸場は器械製糸であったが、群馬県では明治期、座繰製糸が中心的な存在であった。器械製糸は多くの工女を必要とする製糸工場として生糸生産を行ったが、座繰製糸では農家や家内工業による小規模生産が行われた。座繰製糸の小規模生産者は横浜までの流通機能を持たなかったため、そこに生糸商人が活躍する舞台があった。

とりわけ、前橋の生糸商人たちの活躍が目立った。善太郎をはじめ、江原芳平、市村良平、勝山宗三郎、竹内勝蔵の五人は、前橋五代生糸商と呼ばれた。

状況は明治十年代に入ると変わった。座繰を行っていた小規模生産者らが生糸結社をつくり、共同出荷を行うという独自の流通ルートを整備し始めた。そこで、生糸商人たちは生糸を買い集めることにとどまらず、自ら揚返作業をまとめて行う改良座繰の工場を設立し、そこで生産した良質な製品を横浜に出荷する方向にシフトしていく。

一八七九（明治十二）年三月、善太郎は個人として、前橋で初めて製糸会社を創業した。街中の一角である立川町に設立した昇立社である。改良座繰の工場だ。翌年の県の統計によれば、従業員八六人、年間七八四〇斤の生産があった。前橋では善太郎に続いて、同じく生糸商人である江原芳平による天原社が同年九月、市村良平による市村社が翌年一月に設立された。前橋の製糸会社は、一八八〇年時点で一五社にも

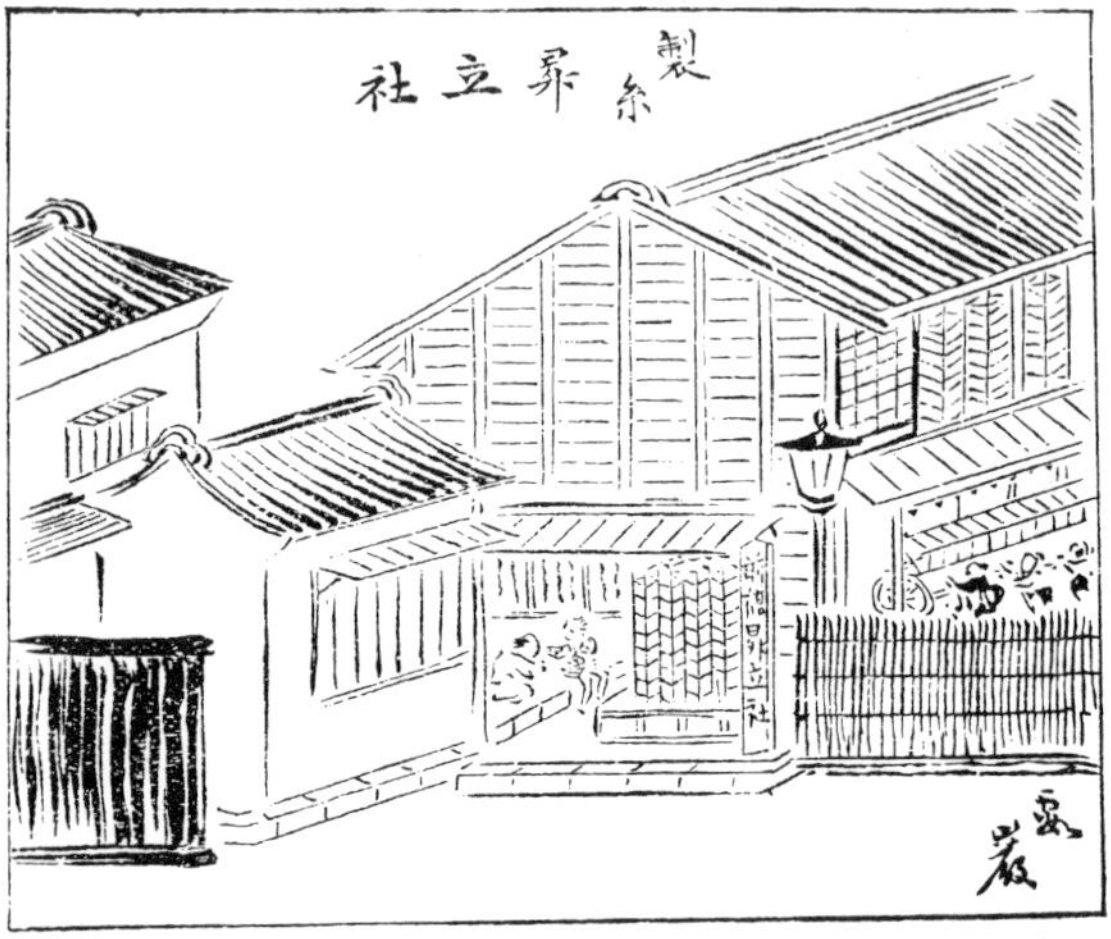

1879（明治12）年に設立された昇立社（『前橋繁昌記』より）

なっていた。

昇立社は年々成長し、一八九三年には釜数七五〇、工女八三〇人、年間製造高三九八八八斤となって、前橋随一の製糸工場となっていた。

この年五月からアメリカのシカゴで、コロンブスのアメリカ大陸発見四〇〇周年を記念してシカゴ万国博覧会が開催された。日本は文明国であることを西洋諸国に示すべく、不平等条約の撤廃を目的に並々ならぬ決意で臨んだ。

この博覧会に昇立社が生糸を出展した。その生糸は「最も優れた品質である」とされ、表彰されるという栄誉に輝いた。このときの賞状は、現在も群馬県立日本絹の里（高崎市）に所蔵されている。

一八九八（明治三十一）年の『前橋案内』には「業務担当社員は小泉藤吉氏にして分社主管は佐藤市造氏なり」とある。「業務担当社員」であって社長とは書いていないが、実質的に、小泉は善太郎から経営を任されていたのだろう。

小泉藤吉は、かつて、善太郎の下で早飛脚、そして番頭として活躍した人物である。善太郎から能力を認められ、経営を任されたものと考えられる。工場設立当初から、善太郎に命じられて工場の運営に関わっていたとしても不思議ではない。

昇立社設立の前年に当たる一八七八年、本町通りの一角に瀟洒な洋風建築の建物が完成した。翌年の明治天皇行幸に合わせ、宿泊用の施設を兼ねて、一万円の巨費を投じて改築されたもの

生糸改所（宮内庁書陵部提供）

生糸荷主と横浜問屋

(1個＝9貫)

	荷主名	所　在	出荷量(24年8月～10月)	出荷量(27年7月～9月)	主　要　出　荷　先			
1	甘　楽　社	北甘楽郡	740	589	生糸合名	171	渋沢	158
2	碓　氷　社	碓　氷　郡	691	859	大　河　原	301	原	278
3	桐　華　組	前　橋　市	541	490	原	490		
4	**昇　立　社**	〃	**410**	**400**	**原**	**398**	**茂木**	**2**
5	交　水　社	〃	296	687	原	449	渋沢	226
6	市　村　社	〃	199	139	原	139		
7	三　英　社	〃	118	−				
8	昇　明　社	高　崎　町	102	154	茂　　木	93	原	40
9	立　生　社	前　橋　市	76	−				
10	天　原　社	〃	47	300	原	160	茂木	140
11	富岡製糸	北甘楽郡	44	(90)	生糸合名	90		
12	旭　　　社	高　崎　町	33	(111)	茂　　木	111		
13	勝山善三郎	前　橋　市	22	144	茂　　木	77	原	45
14	日　新　社	〃	−	354	原	314	茂木	40
15	蓬　莱　社	〃	−	318	原	318		
16	下仁田社	北甘楽郡	−	278	生糸合名	98	渋沢	90
	そ　の　他		2,899	1,049				
	計		6,281	5,962	原	3,029	茂木	713
					生糸合名	601	渋沢	497

(『時事新報』明治24年8～10月、27年7～9月各号より作成、24年上位13荷主、27年上位12荷主を個別表示)

『群馬県史 通史編8 近代現代2』より

だった。善太郎は率先して建設資金を拠出した。これが生糸改所だ。西洋建築を模した白亜の二階建て。これは、現在の「前橋プラザ元気21」（前橋市本町二丁目）のところにあった。

翌年九月、明治天皇は、岩倉具視や大隈重信らを伴って五日間にわたり、本県を巡幸した。新町屑糸紡績所や県庁舎に加え、先に挙げた製糸原社では、士族の娘たちの行う座繰りの実演もご覧になった。善太郎は糸のまち・前橋の演出として、天皇の行在所となった生糸改所の一角に前橋提糸五〇俵を山のように積み上げて装飾した。生糸の最先端都市・前橋の様子を明治天皇に視察していただくことは、善太郎はじめ生糸に関わる前橋の事業者たちにとっても栄誉ある出来事だった。

電信革命と生糸業

幕末から明治の黎明期、下村善太郎は早飛脚を使い、他商人よりも一～二日早く情報を仕入れ、変動する横浜の生糸相場の状況を即座につかんで売り込みをかけて、儲けを最大化させた。一方の若尾逸平も、甲府～横浜間を一日で駆け抜けるような他の誰もまねのできない機動力を発揮して巨大な取引を行った。

健脚でつかんだ情報がものをいう時代だった。

しかし、それは前近代的なやり方であるのは間違いない。明治になると、日本は西洋の一流国に追い付け追い越せと近代化に邁進する。

日本の近代化は、製糸業つまり糸に関わる産業から始まったといわれるが、それは富岡製糸場だけではない。

明治になると政府は電信網の整備に力を入れ、まず、一八六九（明治二）年十二月、東京〜横浜間に電信が開通した。横浜は日本の玄関口である。

それから八年後の一八七七年十月、前橋と高崎に電信分局ができた。七〜八メートルの電柱にハダカ線を張り、一八六九年に日本に導入されたブレーゲ指示電信機が使われた。開通した当時、文字数は二〇字が限度だった。金額は、前橋〜横浜間が一八銭、前橋〜東京間が一〇銭、前橋〜高崎間が六銭という具合だった。二〇字を超えると一〇字増すごとに五〇パーセント増の料金となった。その後、一八八二年には桐生、伊勢崎にも分局ができた。なお、甲府に電信が通じたのは一八七九年だった。

この通信革命によって、もはや飛脚を駆使して情報を早く得るというやり方は、時代遅れとなった。

相場情報はたちまち横浜にいる各売込問屋や商人の現地スタッフから前橋や八王子、甲府などの生糸商の元へ届けられたことであろう。だから、相場情報を得るという点では、有利不利というものはなくなり、同じラインからのスタートになった。むしろ、相場の先行きを予測して動くということが重要になった。時代の流れに対応できずに、明治十年前後に廃業していった生糸商も少なくなかった。

一方、前橋に初めて電話が設置されたのは、一八八四（明治十七）年四月のことだった。群馬県庁と前橋警察署の間に設けられたのが最初だったといわれる。その後、一九〇二年になって、前橋電話交換局が設置され、翌年七月から交換業務を開始した。『前橋市史』に一九〇四年の前橋町電話加入者の名前が記載されているが、当時わずか百数十件の中に、下村善右衛門の名前がある。これは、善太郎の長男である。

さて、次章で詳述するが、明治には鉄道が大きく発展した。一八七二年、日本初の鉄道路線である新橋駅～横浜駅が開業した。上野～高崎、前橋間が開通したのが、一八八四年。鉄道の開通によって、舟運による生糸の運搬も役割を終える。

善太郎が八王子時代に歩き、八王子と密接なつながりを持った若尾兄弟も歩いた

「絹の道」は、五品江戸廻送令が廃止となった一八六六年以降、生糸の大量輸送に使われた。信州や甲州で器械製糸業が発達する明治十年前後にかけてピークを迎えたが、一八八九年に八王子〜新宿間に甲武鉄道が開通すると、その役割を終え、急速に寂れていった。

生糸輸出の隆盛は、日本の近代化を推し進めることとなった。そして、近代化が進むと、幕末の生糸流通において主流だった健脚や飛脚に頼る情報収集と物流は姿を消していくことになった。

第六章

公共事業に資産を投じる

若尾逸平、下村善太郎という幕末から明治初頭にかけて横浜の生糸市場における両大関と称される二人は、これまでみてきたように同じような足跡を残した。若いときに大きな挫折を経験し、商人として再起を図り、横浜の生糸貿易で巨富を築いた。

ふたりの転機

二人は明治になる頃から社会に対して目を向け、数々の公共事業に関わり、生糸以外のビジネスを手がけ社会的な地位を築くとともに、首長に就任する。

こうした歩みは、生糸商から地方議員や国会議員へと出世するこの時代の名望家に概ね共通するコースでもあるが、二人はそのスケールが桁外れだった。

二人の公共的な事業への関わり方は似ているようでいて、大きく異なる部分もある。

前橋の発展にこだわって、前橋の生糸商らをとりまとめて「前橋二十五人衆」を牽引し、巨額な資産をまちづくりに投じていく下村善太郎。対する若尾逸平は、公共事業を足がかりに、インフラへの株式への投資を通じて、山梨県から飛び出して中央で「甲府財閥」と呼ばれる集団の総帥となった。

二人の歩みを詳細に追っていくとともに、二人の差異がどこからくるものなのかについても探求してみたい。

前橋城再築を機に強まった故郷への思い

下村善太郎は若き日、故郷を追われるように去った。八王子での再起を経て、横浜生糸輸出の騎手となって巨万の富を築いた上で、故郷に錦を飾ったのは、既に見てきた通りだ。

故郷前橋に戻るのとほぼ時を同じくして持ち上がっていた前橋城再築の献金に関わることになった。それまで、ただひたすら懸命に仕事に打ち込んできた善太郎とすれば、自らが築いた資産を城の再建に投じる話が舞い込んできたとき、どう考えたであろうか。

このときは、善太郎が投じた四百両という献金は、全体からすれば七番目に多い金額だった。

それよりも時代が下ってからの献金行為では、ほとんどの場合、善太郎の献金額が最高で、しかもずば抜けて多かった。

それと比べれば、再築においては多少温度差があるのは事実だろう。それは、まだ八王子にいるか、前橋に戻ったとしても日が浅い時期だったという事情もあるだろう。

ともかく、四百両、現在に換算すれば一千万円ほどの巨額な献金を決めた。

これが、善太郎にとって、社会的なことにも目を向けるきっかけとなったのは間違いないだろう。

後年、善太郎は語っている。

「ただ前橋が盛んになりさえすれば、それで自分の望みは達したのだから、その他には特に望みはない」

社会的なこと、とりわけ前橋に目を向けるようになってから、「ただ前橋が盛んになりさえすれば」というような心境には、大きな飛躍がある。

では、なぜ、善太郎はこうした考えを持つようになったのだろうか。

父の遺志と公共事業

一章において少し触れたが、若尾逸平の父・林右衛門は片田舎で朽ち果てるには惜しい聡明な人物。郡の総代という役職上、自らの農作業をおろそかにしてまで、村民のため水堰の普請や水利権問題に奔走し、そのため自分の家は貧困にあえいでしまうような至誠の人物だった。

林右衛門は、後年、逸平が生糸商人として大成した後もその教えを語っている。

「逸平、この世は金ばかりでだめだ。金ばかり山のように積んでも、世のためにという志のない人間は哀れなものだ。飢えた狼のように、人の生き血ばかり吸いたがる人間の末路は実に気の毒なものではないか。一代で身上を築いたような人は、倒れるときはもろい。世のために尽くしていないからだ。根の張っていない木は風に遭えば倒れやすいが、四方に根を張った木なら、容易には倒れない。お前はこれからますます大木になっていくだろうが、自分ばかりが上に伸びればいいという考えではだめだ。善の根も張り巡らしていかねばならん。若尾逸平の子孫を永く世の中に繁栄させるためには、これしか方法がない。お前にも十分にその心がけはあるが、この後ますます世間のためになり、人を助けるのだ。お前の子孫にもこのことを言い聞かせなさい。積善の家には、必ず幸福がおとずれるに違いない」

こうした林右衛門の考えを逸平は肝に銘じたことであろう。また、明治維新と前後して暴徒に店を二度にわたって襲われたこと、そして、生糸相場の急変による損失なども父の言葉と合わせ、逸平の変化を加速させたのではないかと思われる。

「金ばかりではだめだ、世のために尽くせ」という父の教えや大小切り騒動の焼き討ち事件などの後、若尾逸平はまさに明治日本が切実に求める殖産興業に徐々に軸足を移していく。逸平にとって、これが蓄えた金を社会のために使い、なおかつ自らの事業を拡大する最適な答えだった。

若尾逸平の殖産興業

そんな逸平にとって、端緒を開いたのが甲府上水道の整備事業だった。飲用などに適する水を安定して確保するのが難しかった甲府では、甲府城主浅野氏の時代に当たる一六世紀末、以前からあった荒川・相川を水源とする灌漑用水を改修して、上水道として利用した。これを甲府上水と呼ぶ。その後、飯田用水も開かれて、明治維新に至るまで、甲府の用水をまかなってきた。

しかし、明治になって水の需要が増えると、従来の用水だけでは需要を満たせなくなった。逸平は用水路の改良の必要性を強く感じ、一八七二（明治五）年、同じ甲府の山田町に本拠を置く豪商らと相談し、用水路改修を県庁に願い出た。このとき、総費用四百円のうち、逸平が二百円を出した。

さらに、一八七五年には荒川から取水する新甲府用水路の建設に当たっても先頭に立ち、工事費七千円の大半を逸平一人でまかなった。

明治維新後、山梨県にとっては笹子峠（大月市と甲州市の境にある峠）の開削が大きな問題となっていた。旧甲州街道でも一番の難所であり、ここを開削しないと甲府の物流には著しい不便が生じるのだ。笹子峠を越えて甲府〜横浜間をピストン往復した逸平には、その重要性が痛いほど分かっていた。山麓にある駒飼宿の戸長である渡邊半兵衛が開削事業に尽力していた。逸平はその様子を見て、一千円を寄付した。周囲の人は、この寄付を無駄であるかのように言った。なにしろ、急峻な笹子峠の開削は簡単な事業ではない。実を結ぶ可能性も低い。

しかし、「逸平は、江戸時代は武士から無心されたり、役人に無理難題を持ちかけられたり、貸した金を踏み倒されても町人は文句も言えなかった。そんな時代を考えれば、千円、二千円などたいしたことはない。まして、今度のことは甲府のためでもある」と笑った。

富岡製糸場が設立された一八七二（明治五）年は、教育にとっても記念すべき年となった。日本最初の近代的学校制度を定めた教育法令である学制が、太政官より発令された。「必ず邑に不学の人なからしめん事を期す」と記されているように、身分・性別に区別なく国民皆学を目指すものだった。

しかし、当時の自治体に資金が豊富にあるわけでもなく、政策の基本は受益者負担で、学校の建設や運営に関わる費用は地域住民が工面するというものであった。そのため、学制を受けて発足した初期の学校は、寺子屋やお寺などでスタートしたものだった。

教育事業に尽力

そんなとき、新しい学校を建築しようという話が持ち上がった。この話を下村善太郎の下に持ち込んだのは、勝山源三郎だった。源三郎は代々町年寄を務めた家系であり、前橋城再築においては現場監督を務めた。廃藩置県後は、一等出仕を申し付けられ、前橋の事務を担った。第一次群馬県発足後は、県令から学務委員に任命されていたのだ。

学制発布と同時に河瀬秀治県令から、源三郎は学校設立の任務を命じられた。しかし、河瀬県令と源三郎は意見が対立。源三郎は河瀬県令から「いかなる方法で任務を全うするつもりか」と冷笑を浴びる始末であった。

憤懣やるかたない源三郎は、県庁を出ると、その足で善太郎の自宅を訪ねた。

「なんとかして、学校をつくりたい。協力してほしい」

源三郎の申し出を善太郎は二つ返事で引き受けた。源三郎の計画では、前橋城の大手門近くの堀を埋め立てて、本格的な洋風建築の学校を建設する。完成までの間、とりあえず養行寺を借りて開校する。これにかかる費用に応分の寄付を依頼された。

源三郎や善太郎の奔走によって、予定通り一八七三年四月、養行寺に第十八郷学校を設立。生糸会社を含む地区の八人から二八〇〇両を集めた。このうち、善太郎は一二五〇両、現代の一八〇〇万円に相当する資金を拠出した。もちろん、群を抜く金額だ。

学制が発布されたとはいえ、当時、一般の人たちの教育に対する理解ははなはだ薄かった。子どもは弟や妹の面倒を見たり、家業の手伝いをさせるため、学校に子どもを進学させようと考える親は少数派だったのだ。

そこで、善太郎と源三郎は、子どものいる家庭を個別に一戸ずつ訪問して、両親、

桃井学校（宮内庁書陵部提供）

祖父母らに教育の重要性と、そのため学校に通わせることが子どもの将来の利益につながることを、説明して回った。

こうしてようやく人数を確保することができた。

同時に学校の建設工事も進んだ。善太郎は毎日のように建築現場に足を運び、工事の様子を見守った。モダンな洋風の校舎が完成したのは、翌年の二月。第十八郷小学校を桃井学校と改称して再発足させた。

一方、善太郎は本町の某家を借り入れ、私費を投じて教師を雇った。そこでは、小学校に通う余裕のない商家の子弟や使用人のために夜学校を開いた。

桃井学校開学当初、まだ教育費に関する確たる制度はなく、生徒に負荷する制度もなかった。そのため、学校の運営費を捻出したのは、やはり善太郎と源三郎たちであった。

当時、前橋は熊谷県の管轄下にあったが、熊谷県はこうした善太郎の働きを評価し、賞状と銀杯を与えている。

その後、町の費用で学校の運営費をまかなう体制となっていたが、一八八〇年、大島喜六が戸長をしていた時代に、旧士族派と商家側の間で何かと意見が対立していたのだが、学校の経費負担を巡って対立が激化し、学校費も滞りがちとなっていた。ついには教員の給料も二、三カ月も滞納してしまっていた。

同年十一月のある日、児童がいつものように学校に行くと、授業の開始時間になっても先生はだれもいなかった。仕方なく、児童は家に戻る準備を始めた。

その情報を聞きつけた善太郎は驚嘆した。善太郎はすぐさま大島喜六が経営していた魚市場を訪れた。大島は役場への出勤前後には必ず魚市場に顔を出していた。だから、善太郎はいち早くここを訪れたのだ。善太郎は、大島の顔を見るなり、涙を流しながら言った。

「教員に給料が払えず、学校を休ませてしまうなんて、なんと情けないことだ。金は私がすぐに持っていくから、君は教員に給料を支払って、学校に出るように話を付けてもらいたい」

大島に談判すると、善太郎はすぐに家に戻り金を持って、再び学校に出かけた。教員たちには、すぐに給料を払い、生徒たちを呼び戻した。既に家に帰っていた生徒も戻ってきた。そのとき、善太郎が払った金額は四百両（現在の金額に換算して五二〇万円ほど）だった。

二年後、一八八二年さらに善太郎は、県立幼稚園設立の建言を楫取素彦県令に対して行った。学務委員の勝山源三郎らと共に、県会議員を説き伏せ、師範学校内への附属幼稚園の設置が決まった。幼稚園の設立など、現在の常識からいえば、重大事ではないかもしれないが、当時は国民教育に重きが置かれなかった時代。そこで、教育の重要性を見抜き、先陣を切ったところに善太郎の先見の明があった。

群馬県は後に県令楫取素彦の下で、「東の群馬、西の岡山」と言われるまでに、就学率の高い教育県として高名になるが、その下地をつくった一人が善太郎たちであったともいえそうだ。

一方、山梨の若尾逸平の動きに目を転じてみよう。一八七三年二月、藤村紫朗が山梨県権令となった。当時、二十代後半の少壮官僚だった藤村は、大小切騒動で大揺れに揺れた山梨の立て直しと、損なわれた人心掌握のために、大阪府参事から転任した。学制発布直後だけに、小学校の開設を人心掌握の一つのきっかけとしようとした。

藤村権令は、赴任して間もなく、若尾逸平こそが山梨経済界の重要人物という認識のもと、相談に訪れた。

それは、甲府市内に設立する小学校の資金に関する相談だった。

「何よりもまず学校をつくらなければならないが、私にはまだ甲府のことがよく分からない。そのための費用は、どうやって集めるのがいいでしょうか。若尾さん、お考えを聞かせてくれませんか。甲府という土地で最も適切な方法はなんでしょうか」

権令は今で言えば、副知事、ようするに県庁ナンバー2だ。国から派遣されるのが通例であり、一般人からすれば雲の上の人の感覚だが、藤村は逸平に丁寧な姿勢で意見を求めた。

しばらくじっと考えていた逸平は、やがて口を開いた。

「まず市民の等級を取り定めた上で、各自がその分に応じて献金させるようにするのがいいと思います。もちろん、私も応分の出資をさせていただきます」

これで、話は決まった。

逸平は、土地建物など、時価で一五〇〇円ほどをまず最初に献納した。市民は、逸平の例にならって、続々と献金を始めた。そのため、またたく間に資金が集まり、建築費だけではなく維持費まで献金でまかなうことができるようになった。

こうしてできたのが、甲府琢美小学校（現・市立善誘館小学校）であった。この年、県庁は小学校建築に功績のあった者に対して報奨を行ったが、逸平は銀杯の列に加わった。

前橋の未来を決めた県庁招致運動

善太郎の数多い社会貢献事業の中でも、群馬県庁の前橋誘致運動は、その筆頭に挙げられるものだ。

まず、廃藩置県後の群馬県の動きを概観しておこう。

第一次群馬県では、それまでの上野国が、一方は群馬県となったが、現在の東毛地域（山田、邑楽、新田の三郡）は栃木県の所属となった。実は、この第一次群馬県時代の県庁舎は当初は高崎にあったが、一八七二（明治五）年には前橋に移転している。

翌年にはこの群馬県と武蔵国の一部だった入間県が合併して、熊谷県となった。一八七六年八月、熊谷県の管轄のうち、武蔵国旧入間県域を埼玉県に併合し、栃木県に所属していた旧上野国の山田郡・邑楽郡・新田郡を群馬県に編入した。これで、現在の群馬県の境域が完成した。これを第二次群馬県と呼ぶ。県令には熊谷県令を務めていた楫取素彦がそのままスライドして就任した。

そして、このとき、国は県庁を高崎と決めた。

同年九月一日、高崎で県庁の執務がスタートした。しかし、高崎には大きな問題があった。旧高崎城は陸軍省が使用を始めていたために、使うことができなかった。維新早々の混乱も続き、新たに土地を求めて県庁舎を建設する余裕もなかった。そのため、通町の安国寺が群馬県仮庁舎、そして分庁（第三課）、宮本町（第四課、警部）、下横町中学本部烏川学校（第五課）、新紺屋町（地租改正係）、若松町竜広寺（衛生係）など、市街各所に事務所が点在していた。

第二次群馬県が誕生すると、県庁は高崎と決まった。熊谷県時代から県庁誘致運動を進めていた前橋町民は、落胆も大きかった。

前橋町民は、前橋城が廃城となり、城主が川越に去っていた約一世紀の間に町の人口も減り、著しく町が衰退してしまったという苦い思いを共有していた。

それだけに、生糸業の隆盛で前橋城も再建でき、経済的にも盛り返すことができている今こそ、なんとか自分たちの手で県庁を誘致したい。そんな機運が生まれていた。

『下村善太郎と当時の人々』によれば、多少の誇張はあるだろうが、高崎町民の反応は楫取県令をいささか失望させるものだった。県庁設置に先立ち、楫取県令は部下を伴って、高崎を訪れた。県庁設置を糧に大高崎建設の志を抱くような人物は皆無で、目先の利益を追い求め、物価や家賃の引き上げが行われていた。県庁の敷地を求めようとしても、市価の倍でなければ売らないといったような案配だった。長い目で見て大きな利益を得ようというよりも、目先の利益の追求が優先されていた。

このような状況に直面した楫取県令は、高崎の有志を集めて説いた。

「県庁が高崎に設置されるということは、永遠に住民の利益を増進することになる。この際、県庁の設置・運営にも便宜を図ってくれないか」

しかし、楫取県令の苦言は、ストレートに響かなかった。

楫取県令が困っている。

そんな情報を人伝に聞いた善太郎は、「ここが好機」と考えた。

まず、解決すべき問題は県庁舎の一元化である。前橋には第一次群馬県においても庁舎となっていた旧前橋城がある。ここを利用すれば広さとしては十分だが、大きな問題があった。

第一次群馬県が熊谷県となるに伴い、県庁も熊谷に移ってしまっていたので、旧前橋城は不要となっていた。そのため、星野耕作をはじめとする四人が教育事業に使用する目的で、払い下げを申請したところ、土地は六三〇〇円、建物は無償で払い下げられて、利根川学校（中学校）として開校していた。

そこで、善太郎はすぐさま、星野と交渉し、利根川学校の移転を了承してもらった。第一次群馬県時代に県庁として貸したときの賃貸料月額二〇円の積み立てを移転資金に充てようというのだ。

善太郎は、電光石火、星野との交渉をまとめると、今度は楫取県令を高崎の旅館に訪ねた。

「ぜひ、県庁を前橋に設置していただきたい。庁舎なら前橋城を使えます」

善太郎は、県庁の前橋設置を熱く訴えかけた。その思いは楫取県令も感じ取ることができた。その後、今度は楫取県令が善太郎に伴われて前橋を訪れ、勝山源三郎の家で三、四人の有志と協議を行った。楫取は善太郎のことを信用するようになっていた。そして、善太郎に言った。

「私は政府に相談する。あなた方は、町の有志と相談して、政府が移転に賛成できるだけの設備を検討していただきたい」

翌日から、善太郎は商売を放り出し、町の有力者の賛同を取り付けるため、県庁誘致の重要性を説いて回った。

この頃、すでに善太郎は、大前橋建設という信念を抱きつつあった。

「俺は前橋に住んでいるのだから、前橋の仕事は俺の仕事だ」

という情熱を前面に出して、有力者の賛同を得ていった。もちろん、有力者間にも温度差はあっただろう。商人だけに自らの利益を最大化することの他に興味を持たない人たちがいたとしても不思議ではない。しかも、彼らを責めることもできない。実際に高崎の有志たちは、楫取の訴えかけには冷淡な対応だったのだ。

善太郎は県庁があることのメリットを粘り強く訴えて、県庁誘致のために一致協力するという言質を有力者たちから引き出すことに成功した。

楫取県令との具体的な会見は、前橋や高崎では目立ちすぎるだろうとの判断から、浦和と大宮の間にある天神橋の宿と決まった。前橋からは善太郎の他に、大島喜六、勝山源三郎、勝山宗三郎らの有力者で臨んだ。

楫取とすれば、大前橋建設のために私財の投入を惜しまない熱意を持つ善太郎に動かされ、前橋への県庁設置を積極的に進めたい気持ちを持っていたが、一度は高崎に決定していた事情もあり、政府を説得するには相応の理由付けが必要だった。

県令から善太郎らに示された条件はいくつかあった。①県庁舎の提供に加えて、②官吏の官舎を新築し不便を感じさせないようにしてほしい、③県庁が移転してもすぐに諸物価の値上げをしないこと、④師範学校を前橋で建ててほしい、⑤県立衛生局（病院）を建ててほしい、といったことであった。

こうした条件を盛り込み、楫取県令が政府を説得する理由書を作成することとなった。

こうして一八七六年九月二十一日、前橋への仮県庁の設置が政府から認められた。

ただちに善太郎は、前もって協力を取り付けていた有志を集めた。テーマは、もちろん県庁移転に関する資金問題だ。特に官舎の建設には当時の金額でも三万円近くが見込まれた。会議は重い雰囲気に包まれ、資金をつくる方法について口火を切る者がいなかった。

この状況を見守っていた善太郎が口火を切った。

「僕が一本だけ出そう」

この場にいた誰もが、「一本」と聞いて、うなずいた。

「僕が一本だけ出そう」

「千円出されるんですね」

と誰かが尋ねると、

「千円じゃ足りないでしょう。一万円出しますよ」

と、善太郎は平然と言ってのけた。当時の一万円は、一億円を優に上回る価値がある。一同は度胆を抜かれて、しばらく放心状態となった。率先して範を示した善太郎が、

「皆さんも奮発していただきたい」

と言うと、生糸商として成功し、今回の県庁誘致プロジェクトでも協力した勝山宗三郎が名乗りをあげた。

「私は、三千円出しましょう」

宗三郎の追随によって、少ない者で一五〇円、多い者で二千円など、善太郎、宗三郎含め二五人で、総額二万六五〇〇円の寄付金が集まった。この場に集合した有志たちの中で、最後まで出資に首を縦に振らなかったのは一人だけだった。

この決定をもって、県庁に対して改めて「下村善太郎外二十四名」という名義で県庁に出された願書が『下村善太郎と当時の人々』に記されている。

この中に「御官庁膝下に居住仕候当初の大幸無此上、苟も己れを省み至理奮励、一層努力注意勿論の義に付」などとある。県庁が前橋に設置されることを喜び、これからも一層努力していく決意が表明されている。

出資方法が決まると、早速、県庁移転や官舎建築の事務を行うために、群馬県用達会社の看板を掲げて、竪町に事務所を設置した。

ここに有志の面々が集まっていると、善太郎の営む三好善の番頭が、大きな風呂敷包みを背負ってやってきた。中身は、一万円の現金だった。この様子を見た面々は、早速家に引き返し、それぞれの割り当ての金額を持って事務所に集まった。このため、すぐさま、官舎の建築に取りかかることができた。

官舎は、曲輪町、本町裏、立川町周辺の竹藪に覆われていた土地を切り開いて建築することとなった。この官舎の建築が、旧前橋城を中心とするごく限られた範囲の市街地に過ぎなかった前橋の発展する鍵となったのは、まぎれもない事実である。

建築は急ピッチで進んでいった。同時に、善太郎は、八百屋や穀屋、酒屋、味噌屋、雑貨屋などをはじめ市内で商店を営む者たちを召集し、「県庁移転によって人が増えても、価格をつり上げ暴利をむさぼってはならぬ。不当な利益を企てる者は、前橋が繁盛することに対する敵だ」とまで言った。

後世になって、県庁移転が前橋発展の基礎を築いたことが明らかとなり、このとき県庁誘致に出資した善太郎以下二五人を前橋の住民たちは〝前橋二十五人衆〟と呼んで、賞賛を惜しまなかった。

「前橋二十五人衆」とその寄付金額を挙げておこう。

下村善太郎一万円、勝山宗三郎（質商・唐物商）三千円、須田傳吉（紙・油・ろうそく商）千円、大島喜六（魚問屋）五百円、荒井友七（金物商小松屋本店）七百円、荒井久七（小松屋陶器店）五百円、横川重七（河内屋呉服太物商）五百円、生方八郎四百円、横川吉次郎（呉服商・生糸商）三百円、久野幸八五百円、市村良平（生糸業）二千円、竹内勝蔵（生糸業）千円、勝山源三郎千円、八木原三代吉（大地主）三百円、串田宗三郎三百円、江原芳平（生糸業）二千円、田部井惣助（生糸商）三百円、中島政五郎（肥料商・糸繭商）四百円、太田利喜蔵（酒造業・生糸業）三百円、武田友七郎（繭糸商）二百円、鈴木久太郎（荒物雑貨商）三百円、深町代五郎（味噌醤油醸造業）四百円、筒井勝次郎（油商）一五〇円、桑原壽平（薬種商）一五〇円、松井林吉（糸繭商）三百円。

やはり、多くの金額を拠出しているのは、善太郎はもちろんだが、江原芳平や竹内勝造、市村良平など生糸商が目立つ。

結局、資金はこれだけでは足りずに追加の拠出が必要となった。しかし、これらの増額は善太郎が一人で工面した。善太郎が官舎建築に出した金額は合計で一万一三〇〇円。これは現在の価値に換算すると、一億六六〇〇万円。個人の献金としては、とてつもない金額であった。

前橋への県庁移転が決まると、市内は喜びに満ちた。高崎からの引っ越し作業は、一戸一人ほどの賦役が課されたが、町民らは喜んで応じた。そのため、山のように大量だった荷物もわずか一日にして前橋まで運び込まれた。

職員の家財道具などは、いまだ熊谷に留め置かれていたものが大量にあったが、これは運送業に携わる有志が無償で運んでくれた。

今まで旧前橋城を校舎として使っていた利根川学校は、新校舎が完成するまでの間、市内の名刹、龍海院を仮校舎として移転した。

県庁移転を前に困った問題もあった。あまりにも急だったために、庁舎に入れる畳の用意が間に合わない。

これについては、大島喜六の妙案があった。利根川学校の仮校舎となる龍海院では逆に畳を取り払っていたのだが、それが六〇〇畳分にもなる。これを一時的に借りようというのだ。

こうして有志から庶民まで、総出の県庁移転は無事終了した。

では、この状況を高崎の人々は黙って見ていたのだろうか。

実は一八七六年第二次群馬県が発足し、県庁が高崎に決定した直後から、すでに前橋に移されるのではないかという噂が高崎には流れていた。このとき、不安を感じた高崎側は、分散した庁舎が不便なら、寄付金を出しても良いから空き地に増築をしたいという内容を記した願書を出したが、県側は却下した。

続いて、高崎側はいまだ熊谷に官舎のあった楫取県令を訪ね、直接陳情を行った。このとき、楫取は既に内務省から前橋に仮県庁を置くということの了解を得ていたのだが、それを秘した。同年九月、前橋への仮県庁設置が内務省から布告された。

いったん、始まった流れを止めることはできなかった。楫取にとって高崎の初見の印象の悪さが決定的だったのであろう。その間隙を突いて、電光石火の動きを見せた下村善太郎らの動きが、楫取を巻き込んで事態を進行させていったのだ。

前橋に仮県庁を置くことが決定すると、憤懣やるかたない高崎町民らは楫取県令に、その経緯について説明を求めた。楫取は言った。

「高崎にはさしあたって県庁に適当な場所がない。前橋には旧藩庁が存在する。地租改正に関する事務が多いため、一カ所に集中できる前橋に県庁を置くが、いずれ事務が終了すれば、高崎に必ず戻る」

高崎の代表らは楫取の言葉を信じなかった。

「そのまま前橋の仮県庁を本庁としてしまうような布告があることを恐れている」

この疑義に対して、楫取は「自分が県令である限りは、堅く保証する」と明言したため、一応、高崎側は矛を収めた。しかし、前橋では師範学校や病院の建設も始まっている。地租改正が終了しても県庁が高崎に戻ることはないのではないかという疑念は晴れなかった。実際に前橋の有志たちとすれば、必ず前橋に本庁舎を置くつもりで、設備の準備に余念がなかったのだ。

医学校と師範学校、そして正式決定

前橋にとっても善太郎にとっても大きな意味を持つ一八七六（明治九）年が終わった。善太郎をはじめ前橋の有志たちは、息つく間もなく着々と県庁誘致戦略を進めていた。二月には、師範学校と衛生局の新築費用として四千円の寄付を、下村善太郎以下二六人の連名で、県庁に申し出た。

「明治九年、前橋に県庁が移転以来、日増しに繁盛となり、有り難き幸せです。さらに、教育の基礎である師範学校と健康保全のための衛生局の新築費のために、些少ながら寄付をしたい」

四千円のうち、善太郎は個人名義で七六〇円、さらに生糸改会社として五人連名で二千円を献金した。

一八七八年八月、群馬県医学校と衛生所を併設する建物が、県庁前に完成した。現在の群馬会館の周辺である。木造洋風二階建ての建物だった。

群馬県師範学校（宮内庁書陵部提供）

群馬県衛生局兼医学校（宮内庁書陵部提供）

そして、同年八月、同じく洋風二階建ての群馬県師範学校が、医学校のはす向かいに完成した。群馬県師範学校は、現在の群馬大学教育学部につながる系譜である。

これで、善太郎らは、迅速に楫取知事との約束を果たすことができた。

ちなみに、この県立医学校は後に女学校となった。昭和になってその建造物は桐生の旧相生村に払い下げられ、相生村役場として移築された。現在は「旧群馬県衛生所」として重要文化財に指定され、桐生明治館となっている。

第二次群馬県発足、そして県庁誘致活動開始から約二年、たちまちのうちに前橋は県都としての陣容を備えていった。この機を見るに敏な素早い実行は、善太郎が生糸商人として培った商売のセンスを十二分に発揮した動きであった。

そこから約二年半の月日が流れた。一八八一年二月十六日。約五年近くにわたって仮県庁だった前橋に本庁を置くという太政官布告が出された。

「群馬県々庁位置ヲ上野国前橋ニ改定候条此旨布告候事」

一八七六年以来、抱き続けていた高崎町民の疑念が的中した結果となった。

「あのとき、やはり楫取県令は嘘をついていたに違いない」

こうした怒りが町民の間に渦巻いた。折から同年三月には、榛名山東麓の西群馬郡四八カ村の農民が、松ノ沢村の部分木問題で入会権の秣場《まぐさば》を失うという問題が発生していた。これが有名な秣場騒動であり、農民らがいつ県庁に対して暴動をしかけるのか分からない状況が続いていた。

また、当時の高崎には、過激な思想と行動に走る先鋭的な自由民権運動の集団があり、こうした反権力的な動きが、県庁問題と相まって、危険な兆候を見え隠れさせていた。

さらに、この頃、デマが飛び交っていた。上野から高崎まで日本鉄道会社の鉄道を敷く計画が進んでいたのだが、高崎から前橋まで延伸させるという計画が、前橋側の謀略によって前橋直通となって高崎を通らないことになったというものだ。これは全くのデマなのだが、疑心暗鬼になっている高崎町民をいきり立たせるに十分な衝撃を与えた。

同年七月、高崎有志らは、事情の説明を求める口上書を県庁に提出し、連日、代表が県庁まで行ったが、県令に会うことはできず、しかも満足な回答を得ることもできなかった。

ついに八月十日夕刻から高崎町民が県庁に集合し始め、翌朝までに数千人余りに及

群馬県庁（宮内庁書陵部提供）

んだ。「引き取れ」という県側と「県令に会わせろ」という高崎側のにらみ合いが続く、一触即発の状況となった。この群衆に震え上がった県では、高崎の東京鎮台高崎分営に出兵を依頼する手はずを整えていたほどであった。

このときは、指導者の良識ある指示の下、暴動は避けられた。高崎町民らは、前橋の七つの寺を借り受けて宿泊した。戸長役場から弁当なども届けられたようである。とげとげしい状況ではあったが、前橋、高崎の町民同士の間は決して敵対関係にあるというわけでもなかった。あくまで、高崎の町民は楫取県令に対して、しかるべき回答を求めていたのである。

県側では、この日のうちに高崎町民に対して、県令の名前で長文の告諭を発し、高崎町民の慰撫に努めた。その中で、県庁移転に関する経緯を丁寧に説明し、了解を求めたが、高崎町民はなお納得せず、同年九月、強行派の四人は「高崎駅四十二ヶ町人民総代」という肩書で、東京の上等裁判所に対して楫取県令を相手取って「不当之達取消之訴」を提出した。

上等裁判所は、群馬県側の弁明も聞いた上で、審議の結果、翌年三月、高崎側の訴えは却下された。高崎側は上告をせず、この騒動は一応決着を見た。

なお、一八七九年に高崎で大火事が発生した際には、善太郎は高崎に二三〇円ほどを寄付していることも付け加えておきたい。

この県庁移転問題は、前橋、高崎、両都市間に長きにわたって遺恨を残すこととなった。当時の高崎における庁舎分散問題を考えると前橋に移ったのは妥当だと考えられるが、楫取県令が一見その場しのぎの弁明に終始し毅然とした姿勢で真実を説明しなかったことが、高崎町民の怒りを増幅したように思われる。しかし、善太郎らと協力し前橋に県庁を持ってくるためには、やむを得ない展開でもあった。

生糸相場では、競合相手が多すぎることに加えて、急な相場変動によって多大な損失を被る可能性があり、従業員のためにも撤退した方がいいだろう。

金融事業に力を尽くす若尾逸平

こんな風に考えて、一八七六（明治九）年に資産を親族や使用人に分けてしまう若尾逸平。一八七二年に山梨県の蚕種製造人大総代となり、翌年には生糸改会社の副社長に任命された。公共的なポジションに推され、徐々に山梨の経済界における重要人物と目される階段を上がっていた。

その後は、公共的な事業に力を尽くそうと構想を練っていた。翌年、西南戦争が勃発すると、政府が苦し紛れに紙幣を乱発した結果、民間の取引では、銀貨一円が紙幣一円八五銭の相場となって、民部省が発行した一円紙幣は、五〇銭程度の価値しか持たなかった。要するに政府の発行する紙幣は民間の信用を失ってしまったのだ。政府が紙幣の下落を防ごうとするも、なすすべもなかった。

こういうときこそ、胆力を持つ若尾逸平の力が試されるときだった。逸平は、「たとえ現在は政府の発行する紙幣が信用を失っているとしても、必ず回復する、いやもし国が倒れるとしたら、そのときに家を持っていても仕方がないではないか」と考えて、紙幣を買い占めた。

逸平は、所有する家や土地などをすべて担保にして、正金銀行から銀貨一一万円を借り出し、さらに逸平はこの一一万円の銀貨で倍額の紙幣を購入した。

その後、大蔵卿松方正義によるデフレ政策が奏功し、紙幣相場が落ち着いてきた。逸平は労せずして、巨額の資産を築いたのであった。このとき、政府紙幣の信用回復と反するように、民間の金融はつまり始めていたので、逸平が貸し金のかたに取っていた多くの田畑、山林が、逸平の下に転がり込んできた。逸平は日本屈指の大地主となった。

逸平の「天性の相場師」のごとき胆力の座った読みが的中したおかげで、逸平は日本有数の財力の持ち主となり、これを基盤にして、さらなる事業へと向かっていくことになる。

逸平が政府紙幣を大量購入した一八七七年には、第十国立銀行が甲府に設立された。銀行設立に出資する発起人の一人に逸平は名を連ねた。このとき、最大となる一万円出資したのが逸平だった。

一八七四年、殖産興業を推進する山梨県令であった藤村紫朗に協力し、地元の財界人である栗原信近らが、貸付や預金を取り扱う銀行類似会社である興益社を設立。興益社には、社員として逸平らをはじめとする甲府の有力商人が名を連ねた。

一八七六年に改正された国立銀行条例を受け、翌年、興益社を改組して開業したのが、第十国立銀行だった。「国立銀行」とはいうものの民間銀行であり、「国立銀行条例によって開設された銀行」といった意味である。全国の旧藩士の退職手当として秩禄公債を与えた金を資本にした銀行であった。国立銀行は全国で一五〇以上も乱立した。

その中で、第十国立銀行は、全国で九番目につくられた国立銀行で資本金は一五万円。栗原信近が頭取となり、逸平は副頭取となった。第十国立銀行は、甲府の製糸業発展の大きな力となった。一八八三年、第十国立銀行から多額の融資を受けていた企業が松方デフレの不況の波を受けて倒産し、貸付金が回収不能となった事態を契機に、栗原が頭取を辞任し、後任には逸平の配下にある佐竹作太郎が就任。これによって、逸平は山梨経済界における最重要人物となった。

一八八八（明治二十一）年には、横浜正金銀行の取締役に就任した。さらに、逸平は、一八九三年、甲府市山田町に無限責任若尾銀行を自ら開業した。ここには、貯蓄部門として同時に山梨貯金銀行（後の若尾貯蓄銀行）を設立した。

金融的な基盤は、以降で述べる逸平の公共事業の展開には大きく役立った。

銀行を救った下村善太郎

山梨同様に、群馬にも国立銀行ができた。一八七八（明治十一）年、第三十九銀行（前橋）と第四十銀行（館林）の二行が発足した。第三十九銀行の創立には、楫取県令が動いた。

しかし、開業からほどなく第三十九銀行は経営不振に陥り、株は半値に下落してしまった。このとき、善太郎も取締役に名を連ねていたが、他の株主は旧士族で、共に再建に立ち上がろうという者は皆無だった。

一八八一年ごろ、善太郎は、下落していた二千株を元値で引き取り、他の千株近くについても抵当として金を融通する措置をとった。同時に、第一銀行頭取を務めていた渋沢栄一と相談し、信頼できる人物として須藤時一郎を三十九銀行の顧問に招聘して、経営の監督に当たってもらった。これによって、ようやく経営は危機を脱した。

弟三十九国立銀行（『前橋市案内記』より）

「日本資本主義の父」と称され、その生涯に五百に及ぶ株式会社の創立に関わったという渋沢栄一と、下村善太郎はどういった関係だったのか。

前述したように、善太郎が県庁誘致問題で奔走していた一八七六年、共同で蚕種の海外輸出を実行している。二人の出会いがどのようなきっかけであったものなのかは分からない。財閥をつくらず「私利を追わず公益を図る」という考えを生涯にわたって貫いた渋沢栄一。善太郎の考えと共通する部分も多く、お互いに意気投合したものであろう。

三十九銀行において、善太郎は取締

第三十九国立銀行大株主・役員

（1株＝50円）

氏名	身分	住所	株数				
			明治12年末	明治14年末	明治17年末	明治19年末	明治24年末
渋沢喜作	商	東京	126	143	103	103	100
稲葉秀作	士	東群馬	◎ 85	◎ 100	○ 100	○ 100	○ 178
渋沢作太郎	商	東京	○ 80	100	84	84	(60)
久永真理	士	前橋	○ 67	(33)	…	…	−
江原芳平	商	前橋	64	○ 114	○ 418	○ 419	◎ 1,347*
松田孝	士	南勢多	◉ 62	◉ 51	◉ 63	◉ 71	212*
田中左五郎	士	東群馬	○ 60	○ 63	○ 70	○ 66	(47)
下村善太郎	**商**	**前橋**	**50**	○ **280**	○ **60**	○ **60**	○ **(60)**
江原幾太郎	商	前橋	50	60	芳右衛門 98	栄次郎 151	302
市村良平	商	前橋	(43)	99	(16)	(8)	−
山中隣之輔	商	東京		82	157	159	343
森村登喜太	農	那波	(37)	71	堯太 (5)	(28)	100
安井醇一	士	東群馬	(23)	○ 68	◎ 76	◎ 85	○ (96)
須藤時一郎	商	東京		65	80	80	(80)
宮嶋供之	士	東群馬	(23)	65	67	61	(64)
勝山宗三郎	商	前橋	(44)	60	善三郎 70	70	204
沼間守一	商	東京		60	69	69	−
朝岡剛平	士	東群馬		60	…	…	−
竹内勝蔵	商	前橋		54	60	87	158
酒井忠彰	華	東京		50	50	50	(70)
田部井宗七	商	前橋		(47)	143	152	152
生形治作	商	前橋			100	100	−
茂木惣兵衛	商	横浜			100	106	1,022
久野孝八	商	前橋		(18)	115	148	303
牧斉太郎	士	東群馬	(29)	(45)	60	66	○ 133
森宗五郎	商	桐生			66	66	100
肥田育年	士	東京		(28)	70	70	140
荒井友七	商	前橋			77	100	215
岩崎作太郎	商	前橋			(24)	70	−
下村善右衛門	商	前橋			439	446	146
木村豊樹	士	前橋				54	(70)
今井善兵衛	農	南勢多			(27)	50	100
原善三郎	商	横浜		(14)	(14)	(14)	328*
大蔵国造	平	東京					160

（同行『営業報告書』より作成、◎頭取、○取締役、◉支配人。
＊印には機関名義分を含む。24年末にはほかに100～149株が5人）

『群馬県史 通史編8 近代現代2』より

役だったが、その間、報酬は一切受け取らなかった。就任以来の役員手当千円分を新店舗の建築費用として寄付している。

こうした善太郎の功績について、当時の安井醇一頭取は、感謝状と銅花瓶一個を記念品として贈っている。善太郎が社会のために行ってきた数々の寄付行為は、歴史上に残されていないものも含めれば、相当な数に及ぶ。

上州版「絹の道」を整備する

江戸から明治に変わっても、交通ネットワークが急速に改善したわけではなく、荒廃した状況が続いていた。善太郎ら商人にとって物流に直接関連する道路の整備は大きな課題でもあった。

まだ、熊谷県に属していた一八七三（明治六）年、善太郎は三国街道の改修事業に資金を提供している。

蚕糸産業が盛んな群馬では、畑地の利用は養蚕のための桑畑が多く、水田が少なかった。そのため、群馬産の米だけでは足りず、北越方面から米を購入せざるをえなかった。しかし、上越国境には険しい山脈がそびえている。米の輸送には三国街道し

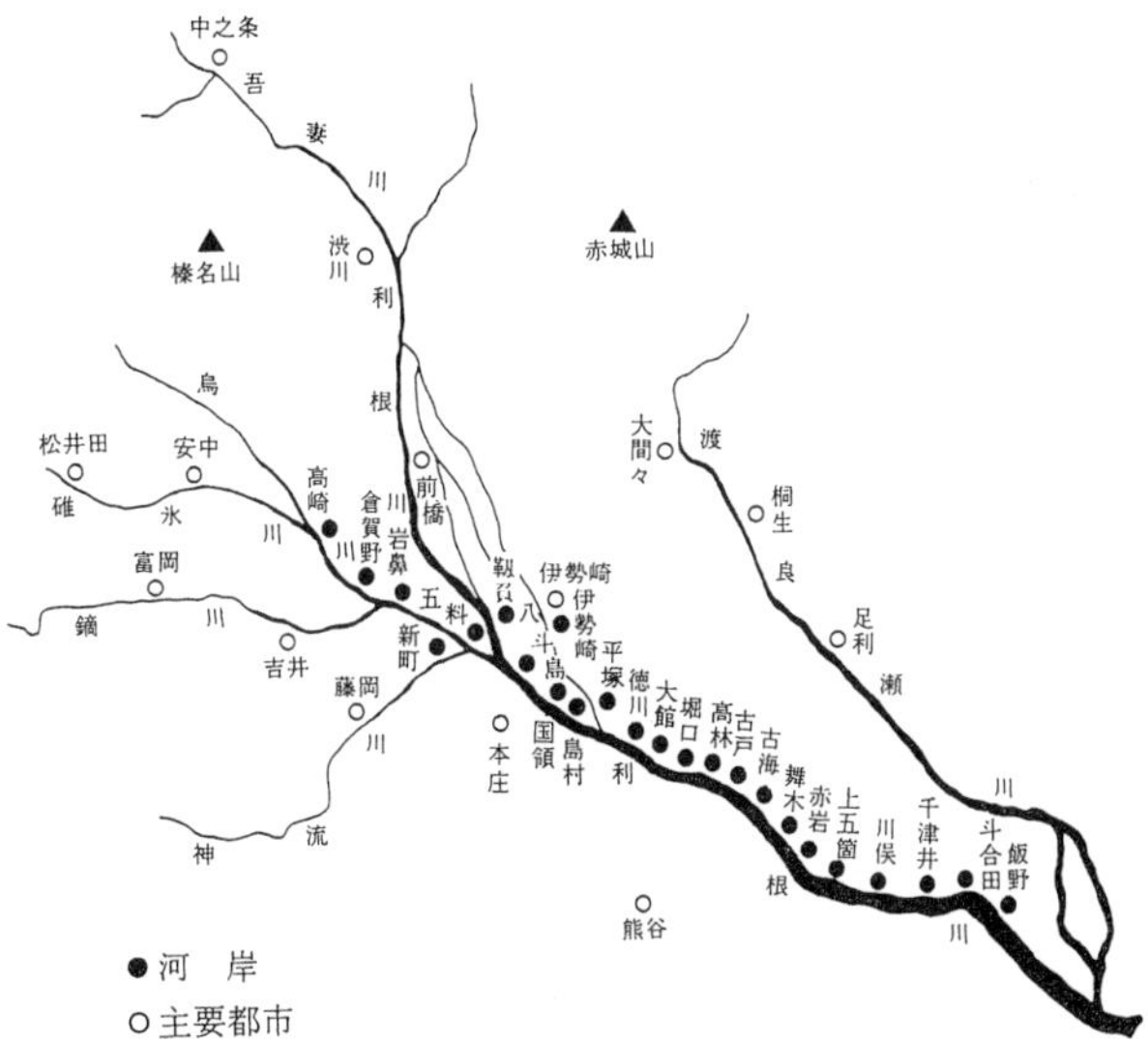

河岸の分布（明治 12 年）
（『群馬県勧業第 1 回報告』明治 12 年より作成）
『群馬県史 通史編 8　近代現代 2』より

か選択肢がなかったが、輸送に多額の経費がかかり、米の価格に加算されてしまっていた。この状況を改善するため、新潟と群馬を結ぶ三国街道の改修事業を、時の県令河瀬秀治は企てた。

　しかし、明治初年は財政状況が厳しかった。道路が改善されれば利益を得ることができる。そこで、河瀬は地元の豪農や富商に道路開削の必要性を説いて回った。同年十二月の「東京日々新聞」には、「自ら管内の豪農富商の輩に懇々と諭されたるに、前橋商三保（好）屋善太郎、勝山宗三郎其外数名にて三千円を出金なせり」とある。

また、同年、旧第一次群馬県時代、前橋～天川大島～伊勢崎～平塚～利根川～中瀬～熊谷の経路で中山道に合流する旧道を改修する計画を申し出て、四五〇円を寄付した。旧道は狭隘で荒れ果てていた。


江戸後期の百年間は、藩主が川越にいて、前橋のことはあまり力が入れられていなかったから、交通網の整備は遅れていた。

前橋と八王子の間を往復した善太郎にとっても、この経路は言ってみれば「絹の道」でもあっただろうし、また、前橋の生糸商人たちにとっても、この時代は前橋から平塚まで陸上輸送し、そこから先は舟運を利用した。上州の生糸産業に関わる人たち全体にとっても「絹の道」であり、道路の整備は前橋商業界の悲願でもあった。道路は同年完成し、熊谷県となっていた翌年十一月、善太郎は県庁から銀杯一個を授けられた。

前橋まで鉄道を延伸させる

次に鉄道について見てみよう。

明治の近代化において、やはり鉄道の登場は産業のあり方のみならず、人々の行動様式を大きく変えた。一八六九（明治二）年十一月、明治政府は殖産興業を進める方針の一つとして鉄道建設を進めることを決めた。一八七二年には日本初の鉄道路線、横浜〜新橋間が開通していた。

その後、西南戦争の出費などで財政が窮乏し、政府は鉄道建設資金を支出する余裕がなかった。計画されていた路線のうち東京〜高崎間については工部省も建設する考えで政府に要請し、起工が許可されたものの、工事費の交付がなかった。そこで、一八八一年、私設鉄道会社である日本鉄道株式会社の設立が企てられ、高崎線が開設されることとなった。計画では、上野から王子、赤羽、鴻巣、熊谷、高崎という経路であり、当初は建設工事や運転業務は政府に委託することとなっていた。

この計画を見て、素早い動きを見せたのが善太郎だった。

「高崎まで鉄道が来るのに、前橋まで来ないのは、まちの発展を阻害する由々しき問題だ」

確かに、上州最大の生糸産地である前橋を通過しなければ、生糸の流通という面でもデメリットが大きい。この時点では、まだ前橋は仮県庁で、正式に本庁決定していないタイミングだった。鉄道が前橋を通らず高崎止まりとなれば、県庁所在地としての交通網は著しく貧弱になり、やはり高崎の方が県庁所在地に適しているということにもなりかねないだろう。

いろいろな意味において、鉄道は何があっても、前橋まで延伸させるべきだと善太郎は考えた。早速、楫取県令に相談した。すると、たまたま鉄道局の井上勝局長が伊香保温泉に逗留しているという情報を得た。

ここからの動きが速い。チャンスと見た善太郎は、楫取から紹介してもらい、大島喜六らを伴って伊香保に急いだ。楫取の紹介状を持って、井上に面会した。そこで中山道鉄道の前橋延伸を懇願したのであった。

その会談の中で、善太郎は、新たに設立される日本鉄道では、中山道線の工事とともに建設資金を集めるため沿道住民から新株式の募集があることを知った。

このチャンスを逃す手はない。

善太郎は楫取県令に相談し、自らが大株主になることを決断した。さらに、常に公共的な事業で協力している有志たちにも出資を促し、合計で数万株を引き受けることを条件に、前橋までの延長を認めてもらおうという計画だ。

「前橋まで延伸していただければ、私も含め前橋だけで五千株や六千株は引き受けます」と請け合い、井上局長に前橋延伸を決心させたのだ。

実際に一八八一年五月六日の上毛新聞には次のような記事が掲載された。

「鉄道敷設につき、当地にて資金の加入を承諾せし人名を聞くに、本町にて三芳屋が壱万五千円、竪町の呉服三河屋が五千円、同町の白伝が二千五百円なりと、前橋にて二十万円を募集する見込みなりと言ふ、云々」

一株五千円の株を下村善太郎を中心に二十万円引き受けることになった。

善太郎は日本鉄道設立発起人に名を連ねた。株券の募集には、県内から多くの募集があった。

そして、楫取と共にたびたび上京し、井上局長と細部を詰める相談を行った。ついに、井上局長は日本鉄道に前橋までの延長を命じた。

井上は、「下村の熱心には悩まされた」と周囲の者に語ったと伝えられる。善太郎の熱い郷土愛と押しの強さに一度決めた方針を変えざるを得なかったということだったのだろう。

一八八四（明治十七）年五月には高崎駅が開業し、六月二十五日には明治天皇や政府高官が出席し、華々しく高崎駅で開業式が行われた。そして、八月にはついに前橋まで開通し、全線開通となった。汽車の速度は時速三〇キロ程度で、上野高崎間は約四時間を要した。普通の脚力の持ち主なら、東京まで徒歩で三日がかりの旅だったから、わずか数時間で東京まで行けるのは革命的な出来事だった。

このとき、前橋駅は利根川の西岸、現在の新前橋駅付近にあった。地元で内藤分停車場あるいは内藤分ステーションと呼ばれていた。現在も市内石倉町にはひっそりと記念碑がたたずむ。前橋の街は利根川の東側だ。つまり、利根川を越える鉄橋をつくるには多大な資金が必要であり、この時点では断念せざるを得なかったのだ。

この一連の流れには異説もある。前橋有志で二十万円を集めるはずが、実情は異なったのだという。大正年間に発表された「故下村善太郎翁と未亡人」（『上毛及上毛人』）から引用しよう。

……然るに愈々事が極って敷設することになりましたが、楫取県令をはじめ三好善までが、株券募集に就ては前日の誓言を忘れしものの如く、餘まり盡力しなかった為め、前橋では何程の株も出来ませんでした。是は全く両人共謀して井上局長を誑したものでありました。左れば其の後、楫取県令と三好善とが井上局長に逢ったとき、井上は顔色を為し『君等は虚言を言って高崎、前橋間の鐵道を拵えさせた、昔の武士なら切腹して言譯をするだけの価値は慥かにある事柄だ』と問責したら、両人は唯だ苦笑して居たと云ふ噺しでありますが、『此の虚言は前橋市の為め、否な東上州の為めに取りては却々安くない虚言であります』とは、衆口一音の実際談なりとす。

つまり、前橋までの延長は、実際に株式の購入の結果を見て決めたのではなく、善太郎や楫取の「二十万円集める」という言葉を信じての決定だったのだろう。

さて、実際に日本鉄道会社出金人名と見ると、前橋の面々は、下村善太郎をはじめ、勝山宗三郎、竹内勝造、勝山源三郎、市村良平、江原芳平、横川重七、大島喜六、荒井友七、太田利喜三の十人が五千円を出資している。合計で五万円だ。同じ群馬県の中では、宮崎有敬二万円、星野耕作二万円、星野長太郎一万五千円など前橋有志より多く出資したものが八人もいた。

二十万円を確約したのに結果は五万円だった。こうした点を井上局長は、「嘘をついて、騙したな」と怒ったのだ。

確かに県庁誘致のときの「前橋二十五人衆」の人数からしても少ないし、多くの場合、最多金額を張り込む善太郎にしては比較的抑えめの金額だ。「株券募集に熱心ではなかった」と井上から攻められるのも故なきことではないだろう。実際に、痛いところを突かれて、楫取も善太郎も苦笑している。

しかし、当時、前橋の生糸は横浜でも高い価格で取り引きされる品質。国内最上の産地である前橋に駅をつくるのは、国益的にも見ても理にかなったことだったのだ。その最前線で商売をしていた善太郎にも、そういった自負はあったに違いない。だから、寄付の多少にかかわらず、前橋まで延伸することが当然との思いもあったことだろう。ともかく、善太郎の郷土愛に裏打ちされた類いまれなる実行力が前橋への鉄道延長を決めた。

また、この一八八一年という時代は、仮県庁が前橋に設置されてから四、五年後。いまだ、本庁には決定しないタイミング。前橋の生糸商人たちは、県庁職員の官舎建設や医学校、師範学校などへの多額の寄付が打ち続き、いかに富裕な生糸商とはいえ、立て続けに出資金を出せるような状況にはなかったのではないか。さりとて、前橋までの延長は絶対に外せない重要事。そこで、善太郎と楫取のとった奇策とみるべきだろう。

さて、内藤分ステーションができたはいいが、利根川の西側だったため、前橋の住民の多くが駅を利用するには利根川を越えなければならないという困難が待ち受けていた。

そこで、口火を切ったのは、やはり善太郎だった。もちろん、市や県に永久橋を建設する資金は十分にはなく、予算計上はされない。

善太郎は、県庁の南にあった本願寺説教所に町の有志らを集めて、協議を行った。善太郎を筆頭に一万円を集める見通しがつき、当時の佐藤興三県令に仮設の請願を行った。これを受けて、県会で予算が通り、一八八五年、長さ一六〇メートルの利根橋が完成した。

利根川の水流は激しく、満水ともなれば橋が流されてしまう懸念があった。しかし、橋台に用いられるレンガ・セメントは東京から調達され、木材なども強靭なものが仕入れられた。実は、この日本の一地方に過ぎない前橋の利根橋のことが、当時、ニューヨークの雑誌『THE RAILROAD AND ENGINEERING JOUNAL』で取り上げられたことがある。一地方とはいえ、シルクで欧米を席巻した前橋ならではの出来事であった。

その後、両毛地方（栃木県・群馬県）では、両県の蚕糸業地帯を結ぼうという鉄道敷設の要望が高まった。一八八六（明治十九）年には、浅野セメントの社長として知られる浅野総一郎らが発起人となって、両毛鉄道株式会社の願書が政府に提出された。両毛鉄道に対しては、日本鉄道路線に連絡して営業するということが政府の出した条件だった。一八八九年には現在地に前橋駅が完成し、小山～前橋間が開通した。最難関は内藤分ステーションと前橋駅を結ぶ利根川の鉄橋だった。同年二月から利根川橋梁工事が始まり、十一月に完成した。全長六五四フィート。当時の技術の粋を集めた最先端の架橋工事だった。こうして、利根川という難所を乗り越えて、高崎線と両毛線がつながった。

一方、若尾逸平は、全資産を弟幾造をはじめ親族や手代に分けてしまった後、一八七六（明治九）年には、藤村県令に甲府戸長に指名された。その後、幾度かの生糸の博打的な大商い、そして紙幣購入で儲けたため、資産を元に戻し、さらに莫大な資産を築いていた。

一八七七年には、第十国立銀行の設立発起人となって最多の出資を行い、経営に携わったことは既に述べた通り。この年、逸平は県会議員にもなった。一八八九（明治二十二）年、甲府に市制が敷かれ、逸平は六十九歳にして甲府市長に就任した。この辺りの経緯は、次章で詳述する。

山梨きっての大富豪となり、公的な立場としても甲府戸長、県議、そして甲府市長と、地方の名望家として順調な出世コースを歩んだ。

十分すぎる資金を元手に、逸平は公益事業を大規模に手がけようと考えていた。

「株を買うなら乗り物と灯り」

後進の実業家である根津嘉一郎に逸平が語ったと伝えられる有名な言葉がある。

「株を買うなら、将来性のあるものでなければ望みがない。それは、『乗りもの』と『灯り』だ」

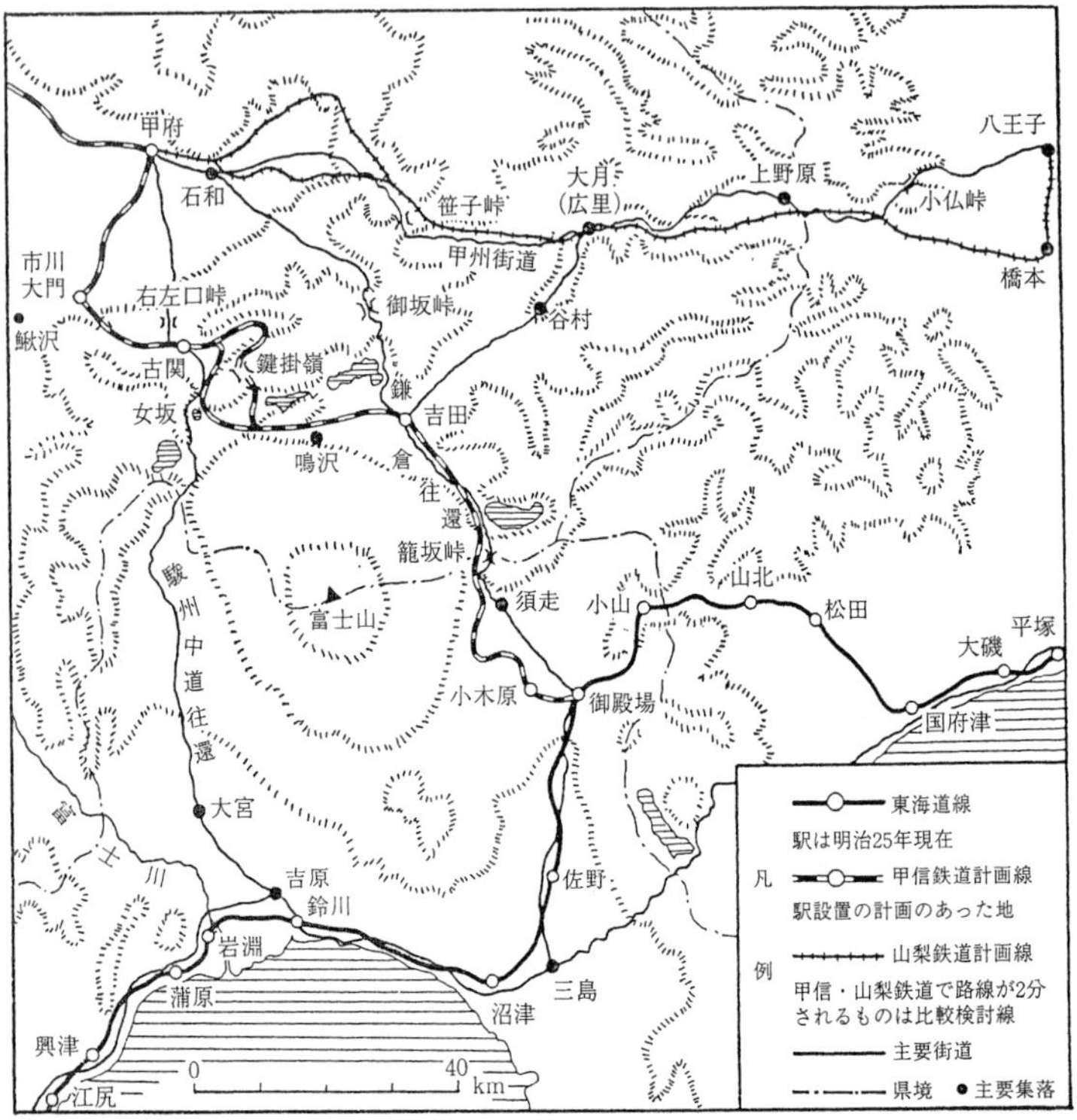

甲州鉄道と山梨鉄道の計画路線

（青木栄一「富士山をめぐる交通網の形成」『富士山麓史』316ページ第２図より）

『山梨県史 通史編５ 近現代１』より

こうした言葉の裏には、甲州と江戸、甲州と横浜の間を数え切れないくらいに徒歩で駆け抜けた経験があった。徒歩行商の辛苦をだれよりも深く経験した逸平だからこそ、「乗り物」の必要性を深く理解していた。周囲を険しい山々に囲まれた山梨にあっては、鉄道で外部と結ぶことが必要不可欠であると切望した。それは、逸平のみ

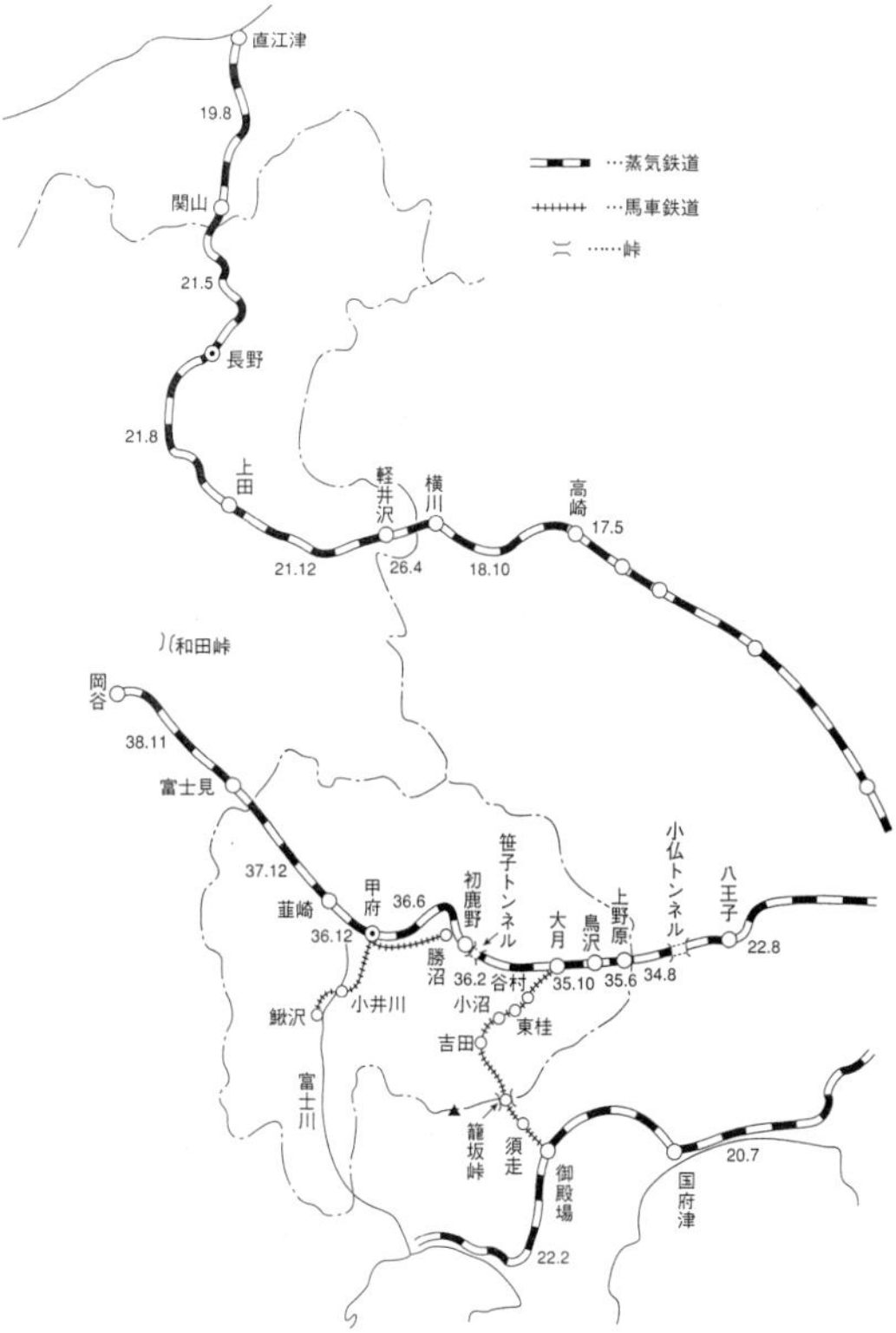

註）数字は鉄道開通年月（明治年月）

山梨県と周辺の鉄道開通状況

（『山梨県史　通史編５　近現代１』より）

ならず、県民の悲願でもあったろう。

逸平は、一八八七年、自ら、東海道線御殿場から富士山の東麓を通り、甲府から松本に至る甲信鉄道を計画し、出願した。市長就任の翌一八九〇年には貴族院多額納税議員互選規則が公布され、同年九月、貴族院多額納税者議員に任じられ、逸平は山梨県初の貴族院議員となった。この時の直接国税納付額は議員中三位だった。

逸平は鉄道敷設の重要性を説き、鉄道敷設法の成立に尽力した。この甲信鉄道は日の目を見なかったが、鉄道会議のメンバーとして中央線の建設決定に力を尽くした。かつて逸平や幾造が幾度となく通った難所である東京と山梨の県境にある小仏峠にかかる小仏トンネルの掘削には三年も要し、そして笹子峠にかかる笹子トンネルは当時日本一長い全長四六五七メートルで、難工事の末に完成した。

こうして、一九〇三（明治三十六）年、八王子～甲府間が開業し、飯田町～八王子間と合わせて、中央線と命名された。

六月十一日、山梨県は大きな喜びに包まれた。ついに甲府まで鉄道が開通する。地元紙は「汽車来タル」と書き立てた。

そして、甲府駅で開業記念除幕式が行われた。このとき、初めての列車を一目見ようと甲府駅周辺に集まった人々は、なんと二〇万人。この頃、山梨県の人口は五四万人だから、その三八パーセントもの人々が集まったことになる。それだけ、中央線の開通は山梨県民にとって一大イベントだったのだ。

開業記念除幕式の実行委員長を務めたのは、逸平だった。逸平は、小仏峠、笹子峠を疾走し、江戸、横浜まで往復した日々を思い返し、感無量の思いにふけった。このとき、逸平はもう八十二歳となっていたが、いまだ意気軒昂だった。

東京の公益事業を手中に収める

明治二十年ごろから中央への進出を始めた若尾逸平は、「株を買うなら乗りものと灯り」を次々と実践していった。

一八八二（明治十五）年、東京馬車鉄道という会社は、新橋～日本橋間のわずか二・五キロで開業していた。当初、社長を務めていたのは、薩摩出身の谷元道之であった。馬車鉄道の軌道建設は順調に進み、同年十月、予定通りに浅草橋まで全通した。開業以来、概ね順調に乗客数と収入金額を伸ばしていたが、開業までに要した初期投資の負担から無配に陥った時期もあった。一応、創業時に抱えた負債の返済には成功したものの株価は低迷していた。

ここに目をつけた逸平は、一八九二年、東京馬車鉄道の株の買い占めを始めた。そして、このとき、自分だけで買い占めるのではなく、同じ甲州系の実業家と謀って集団で実行した。同年上期では、甲州系二二人の持ち株は株式全体の約二七パーセントを占め、大きな影響力を持つに至った。さらに買い増しを続け、三年後には甲州系株主三二人の持ち株比率が五三パーセントと過半数を超えた。逸平が筆頭株主となり、甲州系株主の中には、佐竹作太郎や根津嘉一郎、そして若尾幾造らもいた。こうして甲州系の実業家が経営の実権を握った。逸平は自らは社長にならず取締役として経営に関わり、経営陣の刷新を行って経営を立て直した。

東京馬車鉄道は明治二十年代後半には黄金時代を迎えた。公共性の高い成長産業に投資した逸平の先見性が光った。

ところで、若尾逸平は、自らが中心となって甲州系の実業家たちと謀って株式を購入して、集団として経営の実権を握るというやり方を、東京馬車鉄道を機に次々と実践していく。そして、若尾逸平をはじめとする、こうした甲州系の実業家集団は「甲州財閥」と呼ばれた。

東京馬車鉄道は、その後、時代の流れの中で電気鉄道への転換を企て、一九〇〇年東京電車鉄道に社名変更する。しかし、転換工事への投資が急増したため、一時は四〇パーセントほどを誇った利益率は急減し、明治三十年代後半になると、配当率も急降下している。

明治二十年代の後半には、数十社から数多くの路線計画が出願される状況となっていた。多くのライバルが覇を競う状況ができあがっていた。馬車から電気鉄道へ脱却を図ろうという東京電車鉄道にとっても、安穏としていられる状況にはなかった。

一八九五年には、甲州財閥の主要人物であり、若尾逸平と同様に早くから鉄道事業に注目していた雨宮敬次郎が四グループを合同して東京電気鉄道株式会社を創立。一方、この年には三井資本系の渋沢栄一らが東京電車鉄道株式会社を設立。さらに翌年には東京の大地主が集まって東京自動鉄道株式会が創立された。

そして、一八九九年には、東京電気鉄道株式会社、東京電車鉄道株式会社、東京自動鉄道株式会が合同して、資本金一五〇〇万円の東京市街鉄道株式会社が組織され、一九〇二年、正式に発足となった。甲州財閥の雨宮敬二郎は取締役会長として経営に関わった。

また、東京電気鉄道会社が一九〇〇（明治三十三）年に設立されている。

これら三社はライバルとして、一方では、合併問題が浮かび上がっては消える。株主それぞれの思惑が絡み、混迷を極めた。逸平らは合併を進める側だったが、雨宮は合併に強硬に反対し続けた。

一九〇三年から翌年にかけては、東京電車鉄道会社、東京市街鉄道、東京電気鉄道会社がそれぞれ初の路線を開業している。

そして、結局、この三社は、一九〇六年、三井物産社長益田孝の仲介によって合併、大合同が実現した。これが東京鉄道会社である。社長には、逸平の腹心として東京馬車鉄道、東京電車鉄道でも経営に携わった牟田口元学が就いた。東京鉄道会社は名実ともに甲州財閥が制した鉄道会社で、社長に就任したのが牟田口であることからも若尾逸平が実際の支配者と言えた。

しかし、翌年、巨大会社東京鉄道会社を将来にわたって民営で経営していくのは困難との判断から、一九一一年、東京市に売却された。このとき、逸平をはじめとする甲州財閥の面々は株式売却によって巨利を得ることができたといわれている。

一方、日本初の電力会社である東京電灯株式会社は、一八八三年に創立された。一八八七年には東京の日本橋茅場町から電気の送電を開始。さらに、火力発電所を東京五カ所に設置する工事を始め、直流送電を行った。電力需要の高まりは急激で、交流送電への転換が求められた。一八九三年には二〇〇キロワットの国産大出力交流発電機を備えた浅草火力発電所の建設を開始し、三年後に完成させた。

電力事業の将来性は有望だったが、経営は低迷していた。逸平はここに着目し、甲州系の根津嘉一郎や小野金六などの実業家と共に、少しずつ株の買い占めを進めていった。一八九六年には山梨県内の豪商農層を総動員して東京電燈の株式過半数を買い占めるに至った。そして、逸平は腹心の佐竹作太郎を取締役に送り込んで、最終的には社長に就任させた。

明治三十年ごろから、東京電灯は新しい火力発電所を次々に造設し、日清戦争から日露戦争へと向かう日本の工業化を支えた。また、東京を電車が走るようになると電力使用量も膨大なものとなっていき、その需要を満たすために、東京電灯の存在価値もますます高まった。まさに逸平の言うように「株を買うなら乗りものと灯り」という状況ができあがった。

その後、東京電灯は他社との激しい競合の中から合併を繰り返し、大正末までに日本最大の民間企業へと成長していった。

そして東京電車鉄道、東京電灯を手中に収めた若尾逸平ら甲州財閥が、次に狙いを定めたのが、東京のガス事業だった。

東京府が初めてガス局を設置したのは、一八七五年。ガス局長に就任したのは、渋沢栄一だった。業績は軌道に乗ったため、十年後の一八八五年には民間に払い下げられ、東京ガス株式会社として創立され、社長にはそのまま渋沢が就任した。東京ガスの業績は順調に推移し、東京市民の燃料として地歩を固めていたが、一九一〇年、突然、ライバルとなる強敵、千代田ガスが創立された。この会社の経営陣は逸平の配下の者たちが占めた。実質的に甲州財閥系の会社だった。千代田ガスは東京ガスとの間に激しい勧誘合戦を繰り広げた。勧誘員同士の殴り合いさえあった。こうした中、千代田ガスは東京ガスとの合併話を進め、世論が反対する中、翌年、両者は半ば強引に合併に調印した。

こうして甲州財閥は帝都の公共事業のほとんどを手中に収めた。その手法に賛否はあるものの、若尾逸平は、甲州財閥の総帥として巨額の富を公益事業につぎ込み、電力や鉄道、ガスといったインフラを急速に整備させることに大きく貢献した。

前橋町民にとって、楫取素彦県令は特別の存在だった。前橋繁栄の基礎となったのは、県庁誘致活動の結実だったことは明らかであり、楫取県令に対して大きな恩義を感じていた。

楫取素彦留任運動

一八八三（明治十六）年、その楫取が群馬県令を辞任するのではないかという情報が漏れ聞こえてきた。楫取は、既に一八七六年から九年もの長期にわたって群馬県令の地位にあった。その前、一八七四年から熊谷権令、熊谷県令を務めているから、群馬を管轄するようになって既に十年近く経っていた。

そもそも群馬は、明治政府から難治県と目されていた。県民性が荒々しく、上州諸藩は新政府に倒された幕府との結び付きが強かったことなどが理由だ。県民性が荒々しいとは群馬県民から反発を買いそうだが、実際、幕末において国定忠治らの侠客を生んだのは事実である。

そんな難治県に明治政府が送り込んだのが、楫取だった。楫取は、とかく血なまぐさい長州一派の中にあって、分別、洞察力にすぐれた良心的な存在で、藩主・毛利敬親から最も信頼されていた側近でもあった。明治維新後、政府に出仕し、徴士参与職に就いているが、わずか四〇日あまりで職を辞している。信任の厚い楫取を藩主が近くにおいておきたかったからと言われている。

ともかく山口に戻った楫取は、山口藩の官僚となって、地元の繁栄のために努力していた。有能な楫取に、今度は新政府内ではなく廃藩置県後の県の官僚として白羽の矢が立った。一八七二年に足柄県に出仕し、熊谷県ができると、そのまま熊谷県権令となった。

熊谷県令から群馬県令にスライドするとき、楫取は県庁予定の高崎にやってきて、土地や物価の高騰を目の当たりにした。そして有志にそれを沈静化させて県庁建設に力を合わせるよう説いても、期待したような反応を得られなかった。楫取とすれば、「難治県」ということを改めて思い知らされたのではなかったか。

そんなときに出会ったのが、下村善太郎だった。前橋への県庁移転を熱く説き、そのためなら有志ともども金銭的な協力を惜しまないと情熱的に語る善太郎の姿に、楫取は恐らく共感したのだろう。

とにかく、この誘致運動を機に、さまざまな局面で、二人は協力し合い、大前橋建設に力を合わせた。善太郎としては前橋の発展のため、楫取とすれば、県の統治、そしてインフラ整備のために善太郎ら生糸商人の力を借りたい。お互い、そういった目論見があったことは間違いない。実際問題として善太郎が音頭取りをして生糸商人らが資金を出さなければ、財政状況の厳しい明治初期において、いかに名県令の楫取といえども、歴史に残る実績を挙げることはできなかっただろう。

ともかく二人の間には、どこか共闘する同志といった、友情にも似た感情があったのは事実だ。年齢的にも善太郎が一八二七年生まれ、楫取が一八二九年生まれと近い。

そんな楫取の転任の噂を聞いた町民たちからすれば、一年でも長く県令のポジションにとどまってほしいというのが本音だった。そこで、善太郎を中心とする有志は留任運動を展開した。一八七三年六月十一日、各町から惣代を選び、留任を願う請願書を県令の下にいた大書記官に提出した。

「楫取県令は、在職以来、深く民情を洞察され、農工商の産業を奨励し、町民たちは発憤して事業に努め、蚕糸業は国内一位となった。楫取県令の辞任決定の知らせを聞いて、みな驚き、悲しみに耐えません。どうか、十年も大事にしていただいた本県人民の情状を洞察の上、安心できるまでなおご愛育いただきたきますよう、政府へ上申ください」

こうした内容の請願書を中央政府へ提出してくれるよう大書記官に託した。楫取は、翌一八七四年三月末で退任し元老院議官への栄転が決まっていたが、善太郎以下六五人の連名による請願書が出された結果、退任自体を覆すことは叶わなかったが、七月まで退任が延期された。

前橋に迎賓館を

前橋を離れる日が近づきつつあった一八八四（明治十七）年、楫取県令は、下村善太郎をはじめ、大島喜六、松本源五郎、横川重七、星野耕作といった面々を私邸に招いた。

「我が輩も群馬県令として長期にわたって諸君のお世話になってきたが、前橋にいられるのももう長くはない。ついては、記念のために前橋に置き土産をしていきたいと思っている。前橋もだいぶ発達してきて、いろいろ設備も整ってきたが、高位の方が前橋を訪れたときに待遇する家がない。それは前橋にとってはとても残念なことであるから、建築したいと思っている。建築には我が輩も寄付するから、諸君も奮発して賛成してもらいたい」

善太郎らはすぐに大賛成した。しかも、楫取が想定した県庁の北側、利根川や上州の山々が眺められる場所は、善太郎の所有していた土地だった。そこで、善太郎から進んで土地の寄付を申し出た。そして、善太郎ら有志が計約六千円の資金を集めた。このときもやはり筆頭となったのは、三十九銀行や上毛繭糸会社などの企業と並んで善太郎の四百円だった。迎賓館の名前は臨江閣と決まり、早速、建設に着手した。なお、楫取をはじめ県庁職員が茶室を寄付している。

同年三月末、楫取は県令を辞して、七月、元老院議官に任じられた。八月、事務引き継ぎのために群馬を訪れた楫取を招き、半ば完成した臨江閣で送別会が行われた。楫取が群馬を去る前日、前橋町民有志は送別の辞を呈上している。そこには「按スルニ上野ノ国タル旧来小諸侯各所に分立シ、加フルニ幕府旗士ノ給地アリ。故ニ犬牙相接スル所ト雖トモ大ニ人情風俗ヲ異ニシ、好悪各同シカラス。之ヲ統一シテ治ヲ施ス極メテ易シトセサルナリ、閣下本県ニ令タルヤ善ク時勢ノ赴ク所ヲ視、人心ノ嚮フ所ヲ察シ、勧業ニ教育ニ水利ニ土功ニ措置其宜シキヲ得」とある。

「もともと群馬県は、小諸侯が分立し幕府領もあり、風俗人情も異なっていたが、よく人心を掌握して勧業、教育、水利土功の振興に尽力した」といった内容で、楫取の足跡をたたえている。そして、終わり近くになって「某等誠ニ閣下ノ恩沢ニ浴スルヤ久シ、情豈別離ニ忍フヘケンヤ」という惜別の情が効いている。残念ながら、だれが書いたものなのかは分からないが、これまでの関係性からして善太郎ではなかったか。楫取と前橋町民との間柄は、一般的な首長と住民の関係を遥かに超えるものであったことは事実だろう。

そして、翌年三月、臨江閣が完成し、同月二十日、落成・開業式が挙行された。和風、木造二階建て。完成した臨江閣を見た善太郎が「前橋の繁盛ぶりからしても、過大すぎるほどのできばえ」と思わずつぶやくほどの豪華な建物に仕上がった。

ところで完成当時の臨江閣は前橋町の所有ではなく、一種の法人組織のようなあり方で、一切の経費は有志たちの寄付金で維持していた。善太郎を中心に須田伝吉、勝山牧次郎といった人物が常任幹事となって、経営に当たっていた。

楫取の思惑通り、臨江閣に皇室などの要人が訪れている。

一八九三年には近衛師団小機動演習展覧のため明治天皇が、一九〇二年には東北地方ご旅行の途次に、一九〇八年には近衛師団機動演習台覧のため、皇太子時代の大正天皇が、それぞれ滞在している。他にも伏見宮貞愛親王、閑院宮載親王、朝香宮鳩彦王など多くの皇族が滞在した。

一九一〇年には、群馬県が主催する一府十四県連合共進会開催に当たり、後に臨江閣別館となる貴賓館が建設された。

臨江閣は、後に市営となり、公会堂や公民館として、また観光スポットとして、現在に至ってなお親しまれている。

これまで述べてきた下村善太郎の本業以外の公益事業は、一部に過ぎない。歴史上に残っていない案件なども相当な数に上ると考えられる。駆け足になるが、概観してみよう。

広範にわたる下村善太郎の公益事業

明治期は新聞が次々に創刊された時期でもあった。一八八二（明治十五）年に創刊された上野新報の筆頭株主に善太郎の名前がある。上野新報は郡長公選の建議、地方官の民選、地方自治を唱えた。創刊の翌年、火災で社屋が焼けてしまった。その後、一八八七年、群馬日報と合併し、第一次上毛新聞が誕生した。

善太郎は、産業振興やインフラ整備だけではなく、弱い者や罹災者に対する援助を惜しまない社会事業家としての側面も持っていた。明治時代、前橋の街はたびたび大火に見舞われた。ひとたび火災が起きると数百戸単位で焼けてしまった。消防の設備が貧弱だったことはもちろんだが、木造家屋であることも大きな原因だった。

一八七四年三月、前橋本町から出火し、強風に煽られて、相生町、片貝町など数百戸が焼けた。本町に店を構えていた善太郎は、三、四軒隣で類焼を免れた。このとき、焼けた家には大小の区別なく米一俵、二円もしくは三円を見舞いとっして贈った。その火災が大規模化した大きな原因である、貧弱だった消火設備対策として、町に一台八百円のポンプを二台寄付している。

また、一八八四年二月の火災では、一三六五円を寄付した。この火災の後、善太郎は表通りに面したところに大きな土蔵を建てた。その立派さから善太郎の富裕ぶりが話題となったが、実はこれ、通りに面したところに木造ではなく土蔵を建てることによって、火災の類焼を食い止めようという考えからのものであった。実際に三年後に起こった火災では、この土蔵が火災を食い止める結果となった。

貧困者を救済する「前橋積善会」が有志によって事業開始されたのは一八八〇年。一八八三年の前橋大火災では蓄積していた資金を全て罹災者救済に振り向けたため、事業は一時中断。その後、約二〇人の篤志家が集まり、再興が図られた。一八九〇年には善太郎が初代会長に就任している。積善会は、市内の貧困者に無料・定額診療券の配布をするなどの社会事業を行った。

若き日の辛苦が実現させた開国橋

一八九〇（明治二十三）年ごろ、若尾逸平は山梨県はもちろん日本を代表する大実業家となっていた。七〇歳にしてますます意気軒昂だった。功成り名を遂げて、資産も莫大となっていた。そんな逸平がどうしても実現したいことがあった。

山梨県巨摩郡西部地方を横断する釜無川に橋をつくる事業である。釜無川があるがために、この地方の通行は不便極まりなかった。逸平は半世紀も前の行商時代、幾度となく釜無川越えに悩まされた。釜無川は川幅五〇〇メートルに及ぶ急流で、歩いて渡るのは大変なことだった。若き日の逸平が在毛塚から横浜あるいは江戸に行くときは、釜無川を歩いて渡る以外に方法がなかった。逸平は、釜無川を前に誓った。

「自分が志を成し遂げた暁には、ぜひこの川に橋を架けて、この地方の人々の便宜を図ろう」

半世紀経って、逸平はようやくこの宿願を果たすときがきたと思った。

一八八八（明治二十一）年、市町村制が公布された。逸平の故郷である在家塚村は、周辺の西野村、今諏訪村（三村とも現・南アルプス市）と共に、在家塚村外二カ村組合を設立し、釜無川に橋を架けようという計画を立ち上げた。

当時のことゆえ、木橋ではあるが、長さ五〇〇メートルで、建設費には一万円ほどが必要だった。村長や村会議員たちが村出身の大成功者である逸平に相談すると、即座に賛成し、建設費の三分の一ほどを提供した。さらに残りを地域の有力者に呼びかけ、その寄付金などによって、一九〇〇年に完成し、「開国橋」と名付けられた。このネーミングには逸平の思いが込められている。開国は、生糸輸出事業によってひとかどの財産を築いた逸平の原点でもあるのだ。また、その原点ともいうべき生糸の売り込みに際して、釜無川を渡ることが必要不可欠で、そのたびに「いつか、ここに橋を架ける」と心に誓っていた。

開国橋は木橋だけに永久橋というわけにはいかず、一九〇七年、一九一八年には県費を投入して架け替えた。一九三三年、初めて鉄筋コンクリートの永久橋が完成した。現在の開国橋は、一九九〇年に架け替えられたものだ。

これまで見てきたように、下村善太郎、若尾逸平ともにその方向性は若干異なるが、生涯に多大な公益事業への貢献を行った。

何が善太郎を駆り立てたのか

行商から生糸商へと転身し、横浜での貿易から巨富を築き、その富を公益事業に投資という視点は共通し、そのスケールも大きいが、目的自体が大きく異なっていたために、二人の活動は特に明治二十年以降大きな隔たりを生じるようになった。

善太郎の場合、「ただひたすら前橋のために」という発想が根底にあった。

後年、善太郎の長男・善右衛門は語っている。

「親父のすべての希望、目的というものは、ただ前橋あるのみで、その他にはなんにもないのでありました、金を貯めておいたところが、子孫が馬鹿ならば何にもならない」

前橋が盛んになりさえすれば満足という信条はどこから生まれたものであろうか。

そして、「子孫に美田を遺さず」の気風。これは、簡単なようでいて、難しい。偉大な創業者でありながら、子どもを後継者にしたところが、徐々に弱体化していってしまう例は枚挙にいとまがない。それならば、一層のこと、自分一代で、すべての財産を前橋のためにつぎ込んでしまおうという大胆さ、割り切りの良さが、善太郎の行動から感じられる。

妻のせゑは、後年、善太郎の信条について取材に答えている。

「明治十七年から十八年にかけて大損害を蒙りました商売や戦など始めから儲かるか勝つか、あるいは損するか負けるかということを定めてからやる仕事ではありません。損をするのが怖いようでは商売は出来ません」（『上毛及上毛人』一〇〇号）

こうした信条から、あの大胆な数々の商売が生まれていったのだ。それは、善太郎の慎ましやかな日常と好対照を成している。

善太郎は、明治の上州を代表する大富豪だったにもかかわらず、若尾逸平同様に無駄金は徹底して惜しんだ。前橋に鉄道が敷かれてからも、汽車は必ず下等（三等車）で通した。下等の雑踏でスリに時計を盗まれてしまったため、ようやく中等車（二等車）に乗るようになった。三好善で働く番頭や小僧にも遊芸や博打を禁じた。

こうした質素な日常の一方で、ここぞという公益事業には惜しみなく前橋のために資金を投じた。

先にも述べたが、故郷に錦を飾るという当初の目的が実現すると同時に、前橋城再建事業に関わった。そこで、前橋の興隆を目の当たりにした善太郎は、商売によって得た資金がまちづくりのために役立つことに一種のカタルシスを覚えたのではないか。そこで、富豪の生糸商仲間の中心的存在として、公益事業における緩やかな連合を前橋に築き、前橋の活性化に心血を注いだ。

明治になってからの善太郎は、商売と公益事業のポジションが逆転し、公益事業で前橋を発展させるために商売で儲けていたかのような感を抱かざるを得ない。私利私欲を度外視し、公のために殉じた。善太郎にとって天職だった商売は公のための道具となった。日本を代表する豪商であると同時に、屈指の社会事業家になったのだ。

著者から歴史家の磯田道史氏に、善太郎曾孫として「善太郎はなぜ子孫に美田を残さず、前橋が繁栄すれば大満足という考えを一生涯持ち続けたのか」という質問を発したところ、次のようなご返事のはがきをいただいた。

吉田松陰先生の語録に「体は私なり、心は公なり、私を役《えき》して殉《したが》う者を大人と為《な》す」とあります。下村善太郎翁も小間物商から横浜生糸貿易で豪商となり、郷土のことを考える公人になったのでしょう。

同時代に成り上がった商業人、実業家は数多い。拠点を東京に移し、生糸商にとどまらず事業を拡大することももちろん可能だったであろうが、善太郎はその道を選ばなかった。東京に進出し、善太郎以上に財を築いたものもいるが、多くは遅かれ早かれ没落していった。時流に乗って成り上がって時代に翻弄されて没落していくのも、頂点を目指すという一つの生き方であろうが、国内でも指折りの成功を収めながら、全てを公のために使い果たして死んでいった善太郎の生き方が色あせることはない。

一方、東京や横浜までの交通網という点では、前橋以上に不利だった甲州では、鉄道網の構築ということが公益事業の最優先課題だった。ここに関わった若尾逸平をはじめとする甲州財閥の面々は、鉄道事業の将来性やスケールの大きさに魅せられていった。この情熱が中央線の開通に結びつくわけだが、並行して甲州財閥一派は、山梨を飛び出して活動の中心を東京に移す。そして、鉄道や電灯、ガス事業において、甲州財閥だけでほぼ首都圏を制覇してしまうのである。

生糸貿易で富を築いた資産を糧に、公益事業に乗り出した善太郎、逸平二人の歩みは、大きく異なっていった。

第七章

政治家としての歩み

群馬に名県令・楫取素彦がいたように、明治黎明期の山梨県にも藤村紫朗という名県令が存在した。

甲府戸長から始まる公のキャリア

前章では、藤村が若尾逸平に小学校建設の相談をして、それに応えた逸平が建設資金を拠出した、と述べた。

一八四五（弘化二）年、熊本藩士の家に生まれた藤村は、幕末には尊皇攘夷運動に加わり、脱藩。維新後は、徴士・内国事務局権判事、軍務官、監察司、兵部省、大阪府参事などを経て、一八七三（明治六）年、大小切騒動で揺れていた山梨県の権令として着任した。とはいえ、当時、県令が空席だったので、実質的に藤村が県庁のトップ。翌年には県令に昇格している。

藤村は切れ者の若手官僚として知られていた。一八八六年に官制が改革され、県令が知事に変わってからもその地位に留まり、一八九〇年に辞任するまで知事の座にあった。在任十七年、明治中盤までの山梨の殖産興業や教育振興などにおいて最重要人物の一人だった。そういう面では、楫取素彦と共に明治期を代表する名県令・知事と言っていいだろう。

そんな藤村が登用しようとしたのが、当時すでに五十代半ばになろうかという若尾逸平であった。平均寿命から考えれば、もう立派な老人という時代である。

一八七五年、藤村は山梨県全体を三四区に分割し、甲府全体を一つの区とし、そのトップたる戸長に若尾逸平を就かせようと考えた。

だが、逸平とすれば、財力はあるものの、自らは甲府における新参者という意識があり、甲府土着の町年寄も大勢いることから、躊躇せざるを得なかった。そのため、いったんは辞退している。

だが、藤村は逸平こそが適役、この男でなければ甲府をまとめることはできないだろうと考え、たびたび翻意するよう逸平に対して働きかけた。

そこで、逸平は三八人の町役人たちを集めて、最初からの成り行きを詳しく説明した。その上で問いかけた。

「わしは無学な親父だが、諸君が賛成してくれるなら、引き受けようと思う。だが、異論があるならば戸長の職は辞退したい。忌憚のない意見をうかがいたい」

一同、全く異議がなかったため、逸平は戸長の職を受け入れた。

とはいっても、このポジションに就くことを想定して、逸平は前々から手を打っていた。元内務省の官吏で、行政事務に精通した山県という男を雇い入れていた。山県に「町政職務提要」という行政事務のマニュアル本をつくらせて、戸長に就任すると同時に発表するという手際の良さ。この規定にしたがって、事務を執り行うというわけだ。これには、さすがの藤村も驚嘆した。

「世間では、若尾の爺さんのことを金儲けばかりが上手い人物と見ているが、執務手腕も驚くべき大人物ではないか。こんな規定までつくっていたとはな」

藤村は、逸平が用意した「職務提要」を県下各町村にも使わせることにした。

逸平は、とかく煩雑だった事務を簡便に整理していった。甲府町内の小学校を立て直し、長年にわたって問題となっていた案件なども次々に解決し、その手腕を示した。

逸平は一八七九年、郡区改正に当たって、戸長の座を辞した。翌年、逸平は山梨県会議員に当選した。県議としては、特に交通と教育問題について力を注いだ。甲州街道の川邊通開削問題に関して山梨県会空前の大論戦となったときには、推進派の先頭に立った。

若尾逸平は、明治の半ばにさしかかる頃には、商売、そして社会的な地位の双方において、山梨県の第一人者となった。

初代甲府市長に

一八八八（明治二十一）年四月、市制・町村制が公布されると、甲府でも市制施行するべきか否かという議論が沸き起こった。賛成派と反対派が真っ二つとなった。当時、旧甲府城下町三六カ町を総称して甲府総町と呼んでいたが、甲府総町の人口は二万足らず。これに対して、市町村制では市制施行の条件が人口二万五千人以上、市街地を形成していることとされていたから、反対派はこれを根拠にしていた。

賛成派は周囲の上府中総町、増山町、飯沼村、稲門村を合わせれば三万人を超えるというので、これらの町村に合同を呼びかけた。しかし、これらの町村でも賛成派、反対派それぞれが強く主張して、容易に解決を見ることはできなかった。

翌年二月、新たに着任した中島錫胤知事が市制施行を強く推進した。これを受けて、若尾逸平らの有力者たちが反対派を説得し、ようやく同年六月になって、七月一日からの市制施行が決まった。全国三四番目であった。

同月十九、二十日に行われた初の市会議員選挙は定数三〇で争われた。一定額以上の納税者しか選挙権・被選挙権ともに与えられていない時代である。甲府市の有権者自体が一三〇〇人ほどしかいないという限られた選挙だった。

初の市議選で選ばれた三〇人の中に、若尾逸平の名前もあった。当然ながら、この時代は市長は公選ではなく、市会議員の中から選出するものだった。市会では第一次から第三次まで投票を行い、三人の候補者を内務大臣に提出し、その中から内務大臣が選出するという仕組みだ。第一次投票で選ばれたのは逸平だった。結局、松方正義内務大臣は逸平を選んだ。こうして、若尾逸平が初代甲府市長の座に就いた。

晩年の若尾逸平
（内藤文治良『若尾逸平』より）

甲府区長としては、その優れた行政手腕を発揮し、実績を挙げた逸平だったが、市長は一年足らずで辞職することとなった。

もともと商人であり、市制黎明期にあって、市政運営の方法論も試行錯誤状態だったことも災いした。その上、各地域でやりたい放題にやってきたリーダーが集まり、市会内部も全くまとまらず、市当局とも衝突を繰り返した。若尾市長が誕生した一八八九年八月から翌年三月にかけて、一九人もの市議が辞職するという混乱の極みに陥った。見るに見かねた中島知事の指示で、同月、市会は解散を命じられ、改めて市議選を行い、新たな市議が三〇人選出された。内紛の明確な理由は今となっては分からない。

この直前の二月、貴族院多額納税議員互選規則によって、同年六月の互選が決まった。すると、同年九月、逸平は貴族院多額納税者議員に任じられ、山梨県初の貴族院議員となった。こうして、逸平はわずか一〇カ月にして、甲府市長の座から下りた。このとき逸平の納税額は、選出された全国多額納税者議員中の三位だったという。いつの間にか、山梨県はもちろん、全国でもトップクラスの富豪に上り詰めていた。逸平は、六八歳になっていた。

町会議員時代の善太郎

一八八九（明治二十二）年四月の市町村制施行に当たって、前橋は甲府市とは異なり、前橋町からスタートした。

前橋は四一の旧町村が合併して、前橋町となった。

善太郎はこれまで商人として、楫取県令と渡り合い、まちづくりに関する動きの先頭に立ってきたから、政治家としても卓越した手腕を発揮できるであろうことは誰の目にも明らかだった。しかし、善太郎は政治家になるつもりはまるでなかった。商人としての生き方に矜持を持っていたのだ。

だが、当時の前橋では、善太郎なしで事がまとまるはずもなかった。町会議員を選ぶに当たっては、乗り気ではない善太郎を多くの町民が推した。

「前橋のために」というのは善太郎にとっての殺し文句である。最終的には、前橋の発展のためにと考え、引き受けざるを得なかった。そうして善太郎も立候補者に名を連ね、選ばれた計三〇人の中に入った。そして、六二歳だった善太郎が議長に選ばれた。議員となったのは、大商人や旧士族出身者らであった。町長には、県庁職員や利根郡長の経験がある松本真三が就任した。

しかし、やがて前橋の町を二分する大問題が持ち上がり、町会も真っ二つに割れる事態となる。

一八九〇年三月に出された新道路開通計画案が発端となった。その新道路案とは、南北の竪町通りを東西の本町通りに交差させ、南に伸ばして堀川町（現・表町一丁目）方面へつなげる路線だ。

もう少し現代の地理と絡めていうと、旧城下町時代は現在東京電力前橋支店前の通りはまだなく、一八八九年に両毛鉄道が開通し前橋駅ができると、駅への道のりとして本町通りを直進して右へ折れる道だけでは不便であり、しかも本町と竪町がT字路で先へ行けないことも街の発展を遮る。そんなことから開通問題が議論され始めた。曲輪町の有志から出された構想であった。

竪町通りの商業上の振興を考えれば、市街の南部と直結する道路は必要であり、県庁所在として恥ずかしくない都市計画を求める声もあった。

しかし、本町方面の交通量が寂れてしまうことや、善太郎らが尽力してできた、開設後十年ちょっとしか経っていない桃井小学校が計画線上に位置していることなどがネックとなっていた。

新道路案の議案が提出されると、学校に資金を提供した善太郎や勝山源三郎らの考えを聴くべきだという意見が出された。中立派だった善太郎は、学校の意見が重要だという考えだったが、そこで、教員らは「同意できない」という答え。それに対して町長や助役は、教育上の妨害よりも新道開通を優先するべきだという考えで、可否は町会の議論をもって決めることとした。

同年九月二十七〜二十八日の町会で道路問題が議論された。傍聴には多くの町民が押し寄せることが予測されたため、議場は愛宕座に変更された。愛宕座は一八八八年に開館された芝居小屋だった。

ここになんと一二〇〇人もの町民が集まった。結論の出ぬまま、三十日にはさらに殺気だった町民が押し寄せ、開会は不能となった。その後、両派の町民らはますますエスカレートし、いつぶつかり合ってもおかしくない不穏な空気が前橋の街を覆った。十一月三日にはついに暴動に発展し、名誉助役や賛成派議員の自宅が襲われる事態に至った。この騒乱に伴って、四十数人が逮捕され、松本町長や助役らは辞任した。

こうした中、善太郎は開通派、非開通派どちらにもくみしなかった。本町に店を構え、しかも桃井小学校をつくった善太郎とすれば、個人の利害関係だけを見れば、非開通派であったが、もっと高い見地からものを見ていた。しかも前橋の発展を第一に考え、前橋を深く愛する善太郎としては、町民がこのように対立することは悲しむべきことだった。

善太郎は中立を貫き、騒乱状態に陥った前橋の姿に憂慮し、立ち上がり、両派の和解説得に努力した。私心を持たず、「前橋のために何が最も良いのか」という視点から説得活動を続ける善太郎の熱意に、次第に開通派、非開通派の怒りも鎮められていった。前橋の町に最大の功のある善太郎が仲裁役に出てくれれば、その他の者も納得せざるを得ない部分はあった。善太郎は決して上から物を押しつけるようなやり方はしない。筋を通して納得してもらう。多年にわたり、厳しい生糸事業の第一線で積み重ねてきた交渉力は、凡人の及ぶところではなかった。

十二月二十五日、ついに両派は無条件で和解し、新道路開通問題は無期限延期となった。翌年には新町長も決まり、前橋にはようやく平穏が訪れた。

善太郎、市長に推される

市町村制による前橋町が発足した翌一八九〇（明治二十三）年には早くも市制請願が町会満場一致で議決され、同年七月、県知事に請願書を提出した。しかし、新道開通問題が勃発し、市制施行問題どころの騒ぎではなくなった。年末になってよ

市長の頃の下村善太郎
（前橋市『前橋市小史』より）

うやく道路問題が解決すると、翌年四月、市制施行の再願書を群馬県知事に提出した。このとき、下村善太郎も再願書の署名に名を連ねている。

そして、同年十月、内務省から一八九二年四月一日をもって市制施行する旨が発表された。全国で四一番目、関東では東京・横浜・水戸に次いで四番目の市である。

前橋市では、市制施行に伴って、四月、市会議員三〇人を選出する選挙を行った。善太郎は当選者の中に順当に名を連ねた。

そして、この中から甲府市の場合と同様に、市会では市長候補者三人を選出し、善太郎が第一候補者となった。ちなみに第二候補者は松本源五郎、第三候補者は江原芳平だった。しかし、このことに善太郎は納得していたわけではなかった。

「私には、市長などという職は向いていない。このような老人を引っ張り出さずとも、もっと若い人に適任者がいくらでもいるではないか。私にとって、前橋のために尽くす方法は市長以外にもいくらでもあるんです」

善太郎は容易には納得しなかったが、市会議員らが説得に努め、結局のところは善太郎も受け入れることになった。そして、内務大臣の裁可が五月十九日に下され、善太郎が初代前橋市長となることが正式に決まった。

市長となった善太郎は、笹治元助役に市制運営の細部を任せ、自身は大前橋建設のための基礎づくりに力を入れた。善太郎は細部にうるさいことは言わず、職員が力を発揮しやすいよう放任主義を通した。だが、かといって職員が怠けたり、過ちを犯したりするようなことはなかった。黙っていても存在するだけで、にらみが効いた。

善太郎は市長となった頃、臨江閣の南側に広がる現在の前橋公園周辺は、草原となっていて荒れるに任せていた。善太郎は臨江閣を建設以来、この地を市民の憩いの場となるような公園化計画を抱いていた。そして、市長就任早々、前橋公園構想を立案した。その第一弾として、まず、自費を投じて奈良県吉野から桜の苗を取り寄せて植樹を行った。これが今に至る前橋公園の端緒となった。

善太郎は市長に就任以来、給料を家に持ち帰ったことがなかった。当時の市長の年俸は四百円だったが、毎月の給料が配られるとすぐに給料袋を開けて、助役以下の職員に配ってしまった。家に帰ると、「給料をもらった」と言って、空の給料袋を妻のせゑに渡すのが常であった。

市制が施行されて最初の庁舎は、横山町（現・千代田町二丁目）の旧町役場に置かれたが、狭隘でしかも建物も老朽化していたため、市制施行後ほどなく市役所位置案が提出され、異議なく可決された。予定された曲輪町の地元から土地が寄付され、一八九二年度から翌年度にかけて新築されることが決まった。この庁舎は、現在の日本銀行前橋支店の場所に建てられた。翌年七月に落成した。

善太郎が市長になった一八九二年末、県会では、県庁裏の利根川のお虎ヶ淵護岸工事を財政難から否決してしまうような雲行きとなっていた。この護岸工事というのは、実はとても重大なものだった。そもそも江戸時代後期に一世紀もの間、藩主が不在となっていたのは、この県庁裏の護岸に問題があり、前橋城が崩壊の危機にさらされたからなのだ。前橋の市民にとって、この一世紀は暗黒時代だった。それだけに財政難という理由だけでは、捨て置けない重要事項だったのだ。

善太郎は市長として早急に参事会を開こうと思ったが、みなが生糸商であり、都合悪くそれぞれが横浜に出張中だった。

善太郎はそのことを知るや、すぐさま助役の笹治を伴って、自らも横浜に急行した。すでに一八八四年には日本鉄道が開通していたから、横浜までは鉄道で行くことができた。

そして、原善三郎が営む原商店の二階を借りて参事会を開き、県に寄付金を提供して、護岸工事を実施させる運動を始める決議を行った。早速、生糸商人らから四五〇〇円を調達して、善太郎は県会にお虎ヶ淵護岸工事の実行を迫って、予算通過させた。

善太郎のこういった電光石火の早業は、六五歳になっても衰えていなかった。このような行為は、現在では考えられないことだろう。善太郎自身も市長職に専念していたわけではなく、生糸商人としてももちろん現役で、多忙な日々が続いていた。

志半ばで倒れる

市長になってからの下村善太郎は、市長としての業務と生糸商人としての動きが重なり合って多忙を極めていた。鉄道を利用して横浜にも頻繁に訪れていた。

一八九三（明治二十六）年五月二十四日の夜、執務上の片腕である助役の笹治と、善太郎は夕食を共にしていた。このとき、笹治に語った言葉が、後から考えれば、善太郎の遺言のようでもあった。

「明日、商用で横浜に行く。私が不在にしている間、業務のことはよろしく頼む。それよりも私の頭を離れないのは、国民教育のことだ。教育のためにはどんな犠牲を払ってもやってもらわねばならぬ。君がいるから安心して横浜に行けるが、くれぐれも留守中はよろしく頼む」

たかが一日、二日で大げさなとも思うが、善太郎はこう言った。「国民教育のためにはどんな犠牲も」とは、具体的にどのようなことなのか。このことを記す『下村善太郎と当時の人々』には、その内容までは書かれていない。

善太郎は笹治と別れると、その日の終列車で横浜に向かった。真夜中、善太郎は列車の中で倒れた。上野に着くと、駿河台下の佐々木病院に運ばれ、そのまま入院した。

前橋からはすぐに家族が駆けつけた。重体となっていた。笹治が病院を訪れると、善太郎は佐々木病院の一室で院長の手厚い治療を受けていた。枕元には、長男の善右衛門をはじめ、善太郎の家族が囲んでいた。しかし、すでに話すことはできなかった。

前橋から多くの見舞客が駆けつけたため、佐々木病院の院長は、自らの自宅や近くの下宿を借りて、見舞いに訪れた人に開放した。家族から辞表が提出され、六月二日、前橋市会で受け入れられ、善太郎の辞職が決まった。このときの辞表は善太郎の意志なのか、あるいはもはや業務復帰は困難と考えた家族の意向なのか定かではない。しかし、現職の市長のまま亡くなることで市に迷惑をかけるよりは、一市民として去っていこうという考えは、いかにも善太郎らしい。

それから二日後の六月四日、善太郎はついに息を引き取った。最期まで全力で走り抜け、六六歳、現役のまま逝った。市長になって一年と一カ月ほどであった。新庁舎の落成まで、あとわずかというタイミングだった。昇立社の生糸が、ちょうどこのころ行われていたシカゴ万博博覧会で「最も優れた生糸である」という賞状を獲得したという知らせも間に合わなかった。

善太郎の死が前橋に伝えられると、市役所や市会はもちろん、市民たちも悲しみに暮れた。早速、市会が開かれ、対応が協議され、市葬と決まった。六月八日、場所は前橋の名刹、龍海院だった。

この日、前橋の大恩人の葬儀に参列するため、市内の学校は休校となった。市役所も臨時休業となった。県庁は表だって休業とするわけにはいかないが、職員が葬儀に参列することを許可した。当時の前橋警察署の彌城友次郎署長が騎馬で先導した。本町にあった善太郎の自宅を葬列が出発し龍海院に着いてもなお最後尾は自宅前を離れられないほどの長蛇の列ができていた。沿道は善太郎を見送る市民たちで埋め尽くされていた。

龍海院の門前両側には仮屋が建てられ休憩所となっていた。生け花や造花の類いが百以上も届いていたほどだった。

葬儀を営むに当たっては、こうした大規模な式に対応できる葬儀屋は前橋にはないので、わざわざ東京から業者が呼ばれた。葬儀委員たちは、葬列の道筋に頭を悩ませ、善右衛門に相談すると、「棺を穴へさえ収められればいい。葬儀一切を葬儀委員の皆さまにお任せしているのだから、私が口を差し挟むべきことではない」と語った。さすがに、日頃から善太郎の行動を見て育った善右衛門だけに、葬儀委員に任命された人々の苦労を慮ったのであろう。

こうして、異例づくめの、前橋始まって以来ともいえる盛大な葬儀は終わった。善太郎とすれば、「葬儀など質素で良いのだ」という考えだったろうが、市民とすれば、いままでの恩を形にしたいという思いが勝ったに違いない。

甲州財閥の総帥としての晩年

若尾逸平は、一八七四（明治二十七）年十月、七三歳にして家督を民造に譲った。民造は妻はつの弟だった。逸平は生涯を通して子どもには恵まれなかった。しかし、民造は三男六女があり、一族のますますの繁栄が期待された。同月には、逸平と共に生糸事業を盛り立ててきた弟・幾造が亡くなった。幾造は逸平から資産を分けてもらった後は、横浜で生糸問屋横浜若尾商店を経営していた。長男の林平は横浜貿易倉庫や横浜生糸取引所を創立するなど、若くして父を上回る才覚を見せていた。やがて、林平は幾造を襲名する。

下村善太郎が亡くなったのは一八七三年。逸平が家督を譲ったのはその翌年。ここから、激動の人生を振り返りつつ、やすらかな晩年を送ったのかと思うが、事実は全く異なった。家督を譲ったとはいえ、隠然たる権力を振るった。

この頃、逸平は東京馬車鉄道を手中に収め、さらに東京電灯の筆頭株主にもなっていた。東京の経済界の大立て者となった。さらに東京のインフラ事業の制覇に向かっていく。民造もまた東京馬車鉄道、東京電灯の大株主。

一九〇一年四月、四四年間にわたって逸平を支えてきた糟糠の妻はつが六六歳で亡くなった。弟に続いて生涯の伴侶まで失った逸平だったが、八〇歳を超えても相変わらず意気軒昂だった。一九〇三年六月十一日には、ついに、逸平が尽力した中央線東京~甲府間が開通し、甲府市民は熱狂した。

一九〇六年には東京の市街電車、電灯はすべて甲州財閥の経営となって、逸平はその総帥たる地位と目された。さらに、この年には民造が甲府市長に就任。辞任後には、歩兵第四九連帯の誘致に私有地一〇万坪を寄付するなど、逸平ゆずりの大胆な実行力を見せた。明治の中盤から後半にかけて、若尾一族はまさにこの世の春を謳歌していた。

一九〇七年、逸平は米寿を迎えた。これを記念して、東京電灯社長の佐竹作太郎ら五百余人から逸平の銅像建立が発案された。建設予定地は、甲府市内の愛宕山中腹。後に、この銅像の周囲を含め、若尾家が若尾公園として整備し、昭和前半にかけては甲府市民の憩いの場となっていた。

この年春、東京にいた逸平は大病にかかり、四人の医師が看病に当たったものの、治療の甲斐なく昏睡状態に陥ってしまった。「せめて最期は実家で」という配慮から、医師や看護婦が付き添う中、逸平は中央線で甲府まで送られた。

逸平の強靭な体力は常人の及ぶところではなく、甲府に着いて二週間後には健康を回復した。

元気になった逸平は、この年の秋、再び上京して友人たちを招き病気見舞いの返礼を行った。来賓の挨拶に立ったのは、浅野財閥を一代で築いた浅野総一郎だった。元気になった若尾の様子を称え、「百歳まで長寿を保てる」と祝辞を述べると、拍手に湧いたが、逸平は「俺の寿命を百歳で限るというのはどうだろう」と不満そうだった。逸平は真剣に一三〇歳まで生きるつもりだったのだ。

一九一〇年、若尾を中心とする甲州財閥は千代田ガスを設立し、先行する東京ガスと激しい勢力争いの末、翌年には合併を実現した。こうして、若尾逸平を総帥とする甲州財閥は、東京電灯、東京電車鉄道、東京ガスなど、帝都東京の公益事業のほとんどを手中に収めたのであった。

しかし、そんな逸平も明治から大正に元号が変わる頃から、病床に伏すことが多くなった。倒れる度に東京や横浜から、一族が甲府の若尾本家へと駆けつけた。一九一三（大正二）年九月七日、逸平はついに波乱に満ちた生涯を終えた。九二歳だった。

葬儀は一週間後の十四日に行われた。この日、葬儀の参列者のために中央線は列車を増発する騒ぎとなった。

甲府駅から歩いて一五分ほどのところにある長禅寺で行われた葬儀には、一万五千人が参列した。若尾家を出た葬列の先頭が長禅寺に到着してもなお、最後尾は若尾家の門を出られない有様だった。こういった状況は、地元を代表する英雄だけに、下村善太郎と共通するものだった。

エピローグ

若尾逸平が一九一三（大正二）年に亡くなった後、東京電灯社長職など長年にわたり逸平の片腕を務めた佐竹作太郎が二年後の一九一五年に死去。さらに、逸平の死後、名実ともに若尾本家の二代目となっていた若尾民造が一九一七年に急逝してしまった。六四歳と、逸平の長寿からすれば、早すぎる死だった。

わずか五年の間に、大黒柱たる三人を失ってしまった若尾家の三代目となったのは、民造の三男謹之助であった。

謹之助は、若尾銀行頭取に就任する一方、若尾貯蓄銀行や横浜正金銀行、東京ガス、東京電灯、横浜倉庫などをはじめ若尾傘下企業十数社の取締役に就いた。謹之助よりも九歳年上、民造の娘婿である若尾璋八も東京電灯の常務に就く傍ら、一九一七年には衆議院選に立候補し、山梨でトップ当選を果たす。

次々に大黒柱が亡くなり衰運の兆しの見え隠れする若尾家であったが、三代目に移り変わり、なお堅調にその勢力は推移しつつあるように見えた。

そんな若尾家が悲劇に見舞われたのは、翌一九一八年のことだった。

一九一四年に勃発した第一次世界大戦に日本は参戦していたが、戦場はヨーロッパであり、日本は軍需物資などをはじめヨーロッパへの輸出を急増させ、特に重工業が発展して好景気に沸いていた。だが、その半面、インフレが進んで農民や貧しい労働者などは生活が苦しくなった。米の値上がりは特にひどく、一九一八年の春先には一升二〇銭ほどだったが、夏には二倍以上に高騰した。戦争が始まった当時は、一升一一銭だったというから、わずか四年の間に四倍になったことになる。

米の販売は統制されていないから、料金の上げ下げも自由である。米相場というぐらいだから、投機の対象にもなりやすい。この年、不作に加えて、シベリア出兵の噂が影響し、商人たちは米の買い占め、地主たちは売り惜しみという局面が生まれ、極端な米不足、そして異常な高騰を招いたのであった。

こうした中、暴徒と化した市民が米屋や米穀取引所などを襲撃するという米騒動が全国各地で起き、地域によっては軍隊の出動や死者も出た。

この動きは甲府でも例外ではなかった。この年、八月、若尾家の当主謹之助と義兄璋八は、細民救済費として甲府市に一万円を寄付した。米五百俵分、現在の価値にすれば一億円分に相当する金額である。市では、これを原資として廉売券を貧しい家庭に配り、その券を持って米屋に行けば安価で購入できるという仕組みを整えた。

しかし、こうした若尾家の努力を知ってか知らずか、八月十五日、暴徒と化した群衆五千人が若尾家に押し寄せ、「米を出せ！」と叫びながら、家屋や倉庫に火を放っていった。歩兵第四九連隊（甲府）が出動し、ようやく鎮圧されたが、広大な若尾家は土蔵一棟を残してすべてが焼け落ちた。この事件では七四人が検挙され、二二人が騒乱罪や窃盗罪で起訴された。これが有名な若尾邸焼き討ち事件である。

確かに、米相場をつり上げる商人や売り惜しみする地主たちは責められても仕方がないだろうが、多額の寄付を行い、事態の収拾に努めていた若尾家が、「米を隠し持っている」というデマの影響も受け襲撃されてしまったのは、悲劇というしかなかった。

天秤棒商法から筆舌に尽くしがたい努力の果てに、日本の政財界を代表する存在となった若尾財閥に対する嫉みもあったのだろう。それは、通常の人々には決して真似のできないほどの努力の結晶だったわけだが、暴徒には通じない理屈だった。

逸平は父林右衛門の教えを守り、自らの儲けだけではなく、教育事業や公益事業への積極的な投資も行ってきた。

そんな努力が市民に通じなかったのは、返す返すも残念なことだった。この事件の後、大正時代の後半も若尾家の人々はグループとして所有する多くの企業の経営を続けていた。しかし、第一次世界大戦終結後の不況に関東大震災が追い打ちをかけ、徐々に経営は苦しくなっていった。

一九二七（昭和二）年、若槻礼次郎内閣の片岡直温大蔵大臣の失言に端を発した金融恐慌では、全国の銀行が取り付け騒ぎや休業に見舞われたが、若尾銀行も例外ではなく、大きな打撃を受けた。若尾銀行、若尾貯蓄銀行の経営は破綻し、経営は他者の手に移った。また、東京電灯や東京ガスの経営権も手放さざるをえず、やがて経営に関わっていたほとんどの会社が倒産するか、人手に渡っていった。こうして、盤石に思われた若尾財閥は昭和初期わずか数年のうちに音を立てて崩れていった。

若尾財閥ははかなくも崩れ去った。しかし、甲府と横浜の気の遠くなるような徒歩での往復から財を築き、首都のインフラ事業をほぼ手中に収めるまでに至った逸平の堂々たる人生は、常人のなしえないもので、輝きは決して失せない。山と谷が激しく交差する一族の歴史は、幕末から昭和初期にかけての日本経済の歩みを体現しているかのようでもあった。

前橋公園に建てられた下村翁銅像（『前橋観光案内』から）

一方、下村善太郎の死去から一七年後の一九一〇（明治四十三）年の前橋。この年、九月から十一月までの約二カ月間、前橋では一府十四県聯合共進会が開催された。各参加府県の生産物七万点以上を陳列し、価値を競うイベントで、各地から多数の来観者があり、その賑わいは置県始まって以来のものとなった。このイベントの顧問には、善太郎の長男・善右衛門も名を連ねていた。

そして、一府十四県聯合共進会の開催と同じ頃、善太郎が市長時代に構想していた前橋公園の桜の木の下に善太郎の銅像が建てられた。これらの桜も、もとは善太郎が自費で苗を取り寄せて植えられたものだった。

善太郎の下で働いていた小泉藤吉をはじめ七人の発起人総代に加え、四三人の発起人が集まり、市民に呼びかけたところ七〇〇人あまりから募金が集まった。

重厚な台石の上には、和装の善太郎が立っていた。台座正面には、善太郎と共に前橋を盛り立てた楫取素彦が撰文している。

一九二四年、群馬県会では、近代建築の新庁舎建築の設立案が議決された。可決された翌日、当時の牛塚虎太郎知事は県会議長や県議・市議らを伴って、前橋公園に鎮座する善太郎の銅像を訪れた。善太郎の霊前で、県庁新設の報告会を行った。県庁を前橋に誘致した第一の功績者、善太郎に新設の報告を行う。死後すでに三一年、極めて異例の出来事であった。

自身、教育を受ける機会のなかった善太郎は善右衛門にはしっかりとした教育を受けさせたいと考え、義務教育を終えると福沢諭吉の下で学ばせることを決め上京させた。福沢の下で学んだ善右衛門は有力企業の重役として活躍し、徳川家達、松永安左衛門、犬養毅、渋沢栄一、福沢桃介、浅野総一郎といった有力政財界、文化人と幅広い交友を持った。特に福沢諭吉とは深い関わりがあった。

一八九九年、善右衛門は第五回県会選挙に前橋市部から立候補し当選。一期中の一九〇二年八月、第七回衆議院総選挙が行われることになった。一九〇〇年に成立した改正選挙法によって、市部の独立選挙区と郡部の大選挙区となり、群馬県では前橋と高崎の両市が定数各一名の独立選挙区となった。この時、前橋では多くの市民が、善太郎の長男である善右衛門を推薦し、善右衛門は無所属で立候補した。対立候補は政友会に所属する高橋諄三郎であり、高橋は政友会幹事長の原敬の応援も受けた。しかし、結果は善右衛門の圧勝。有効投票五〇五票中、善右衛門が実に三六六票を獲得した。一九〇二年といえば、善太郎の死去から九年。その記憶は市民の脳裏から薄らぐことはなかった。前橋市民は善太郎への恩返しという念をも含めて、善右衛門を国会に送り出したのである。

同年十二月に解散すると、翌年三月に行われた第八回総選挙では前橋市部は立候補者が善右衛門に一本化され、三九三票を集めて再選された。しかし、政友会内が混乱する中、またも一年足らずで同年十二月に解散してしまった。一九〇四年二月十日に日露戦争が始まった後の三月一日に第九回総選挙では、世間の注目が日露戦争に集中し、低調な選挙となった。前橋市部では、憲政本党の関口安太郎が出馬し、三期目の当選を狙った善右衛門は二五三票対二〇九票と僅差ながら破れてしまった。

善太郎の薫陶を受けた善右衛門に対する前橋市民の期待は大きかったが、善右衛門はこの敗戦を機に、政界を去ることを決めた。善右衛門が衆議院議員だったのはわずか二年足らずの短い期間に過ぎなかったが、この経歴は善右衛門の人生に輝きを加え、晩年に至るまで前橋のご意見番として大きな影響力を保った。歴代知事の引き継ぎ事項の中に、下村家への挨拶が記されていたということからも、善太郎・善右衛門という存在が長く敬意を持たれていたことが分かる。

善右衛門は実業界でも多様な活躍を見せた。現在の児童遊園のところにあった前橋搾乳所を経営する他、建設当時、東洋一と称された佐久発電所を最初に計画したのも善右衛門だった。福沢諭吉の娘婿である福沢桃介もこの計画に参画していた。その後、福沢桃介と善右衛門は大実業家・浅野総一郎に協力し、佐久発電所の建設に力を尽くした。浅野が社長となった関東水力発電に善右衛門も取締役として参加した。このとき常務取締役となった浅野の三男、八郎は後に社長を務めている。八郎の妻は若尾璋八の長女。璋八が副社長を務める東京電燈も関東水力電気に善右衛門らと共に出資していた。

善太郎と逸平が直接ビジネスで手を結ぶことはついになかったが、代を経て共通の目的に向かって一つの場を共有したことは感慨深い。延べ一八七万人に及ぶ従業者を費やし、ついに佐久発電所は一九二八年に完成した。

善右衛門は東京暮らしが長かった。プライベートでは歌舞伎に造詣が深く、特に市川団十郎と親しく往来した。しばしば歌舞伎座を訪れたが、団十郎の方から挨拶に見えるほどであった。善右衛門は一九三四年十二月二七日に没したが、二日後、善太郎と同様に龍海院で行われた葬儀には団十郎の長女・市川翠扇が牡丹の花を一輪持参して供えたという逸話からも、二人の深い関わりがうかがえる。

善右衛門の姉チカと夫・生方治作との間に生まれた長男、繁三郎は慶應義塾で学んだ後、ビジネス界に身を投じ、石川商会トロント支店に勤務。後に現地に新会社を設立し、五百人以上のカナダ人を雇用するほどに成功した。教育の重要性を考え、トロント大学で日系カナダ人の教育支援を決意し、生方基金を創設。現代に至るまで継続されている。繁三郎は一八七五年生まれであり、直接、善太郎の薫陶を受ける機会もあっただろう。その生き方には善太郎の影響が色濃く感じられる。繁三郎の妻となった久松文子は今治藩主久松家の令嬢。二人の間に生まれた信子は伊勢神宮の宮司を務

再建された下村善太郎像
背景の建物は前橋市庁舎

める家系藤波道忠の元へ嫁いだ。

善太郎の銅像の話題に戻る。第二次世界大戦中の一九四三年、前橋公園に設置されていた善太郎の銅像は供出された。しかし、前橋市民はその後も善太郎に対する恩を忘れることなく、一九八三年、群馬県で初めて開催された「あかぎ国体」を記念して、前橋市役所の前に再建された。同年、善太郎は名誉市民第一号となった。善太郎こそは、名誉市民という称号にふさわしい存在だった。

参考文献

下村善太郎関連

『下村善太郎と当時の人々』栗田秀一　煥乎堂　一九二五年
『その人その人生』萩原進　下村善太郎同善右衛門伝記刊行会　一九九三年
「故下村善太郎翁と未亡人」(『上毛及上毛人』上毛郷土史研究會、八～一二号より)一九一七年
『下村善太郎翁展』敷島地区地域づくり協議会　二〇一六年
「新・まえばし風土記下村善太郎」(『広報まえばし』一九八二年二月一五日号～九月一五日号より)
『我が祖父 川島忠之助の生涯』川島瑞枝　皓星社　二〇〇七年
『過去六十年事蹟：伝記・雨宮敬次郎』雨宮敬次郎　大空社　一九九八年(復刻版)
『男爵　楫取素彦の生涯』楫取素彦没後百年顕彰会　公益財団法人毛利報公会　二〇一二年
『総選挙でみる群馬の近代史』手島仁　みやま文庫　二〇〇二年

若尾逸平関連

『若尾逸平』内藤文治良　一九一四年
『甲州財閥物語　新編』斎藤芳弘　山梨新報社　二〇〇〇年

『地方財閥の時代』齋藤康彦　岩田書院　二〇〇九年
「貿易商甲州屋忠右衛門と財閥を築いた若尾逸平」斎藤康彦（『江戸時代人づくり風土記　19山梨』農山漁村文化協会　一九九七年）
「開港・開化傑物伝（23）すべての道はヨコハマへ　天嶮十里を翔んだ商傑一代――生糸職人〈若尾逸平〉」（『Best Partner』浜銀総合研究所　二〇〇九年一一月）
「若尾逸平から学ぶこと」斎藤康彦（『山梨学院生涯学習センター研究報告29号』二〇一六年）

蚕糸業・横浜開港関連その他

『製糸の都市前橋を築いた人々』前橋商工会議所編　上毛新聞社　二〇一八年
『開港と生絲貿易　中』藤本實也　開港と生絲貿易刊行会　一九三九年
『横浜開港五十年史　下』肥塚竜、横浜商業会議所編　横浜商業会議所　一九〇九年
『横浜市史2第2巻　上』横浜市総務局市史編集室　横浜市　一九九三年
『横浜市史2第3巻　上』横浜市総務局市史編集室　横浜市　二〇〇二年
『前橋市史　第4巻』前橋市史編さん委員会　前橋市　一九七八年
『新八王子市史　通史編4』八王子市市史編集委員会　八王子市　二〇一七年
『新八王子市史　通史編5』八王子市市史編集委員会　八王子市　二〇一六年

『中居屋重兵衛：横浜開港の先駆者』萩原進　群馬文化協会　一九四九年
『港都横浜の誕生』石井孝　有隣堂　一九七六年
『生糸貿易と横浜商人：生糸売込商体制の成立過程』西川武臣　一九九七年
『横浜歴史散歩：文明開化のふるさと』佃実夫　創元社　一九七五年
「幕末期、横浜生糸売込商の存在形態」西川武臣（『地方史研究１９０』地方史研究協議会一九八四年八月）
『群馬県史　通史編８』群馬県史編さん委員会　群馬県　一九八九年
『山梨県史　通史編４』山梨県　山梨日日新聞社　二〇〇七年
『山梨県史　通史編５』山梨県　山梨日日新聞社　二〇〇五年
『甲府市史　通史編２』甲府市市史編さん委員会　甲府市　一九九二年
『甲府市史　通史編３』甲府市市史編さん委員会　甲府市　一九九〇年
『群馬県の歴史』西垣晴次ほか　山川出版社　一九九七年
『江戸の飛脚　人と馬による情報通信史』巻島隆　教育評論社　二〇一五年
『上毛倉庫１２０年誌』上毛倉庫株式会社　二〇一五年

略年表

西暦	和暦	下村善太郎	若尾逸平	社会の動き
一八二〇	文政三		一二月六日、甲斐国西郡筋在家塚村（現・南アルプス市在毛塚）に生まれる。	
一八二五	文政八			異国船打払令
一八二七	文政十	四月二八日、前橋本町に生まれる。		
一八三三	天保四			天保の飢饉
一八三七	天保八		江戸に出る	大塩平八郎の乱
一八四〇	天保十一			アヘン戦争（〜一八四二）
一八四一	天保十二		行商を始める	天保の改革が始まる。
一八四三	天保十四	せゑと結婚		
一八四八	弘化五・嘉永元		質屋の娘と結婚	
一八五〇	嘉永三	妻子とともに八王子へ移住		
一八五四	嘉永七・安政元	離婚し商売の拠点を甲府に		日米和親条約
一八五五	安政二			安政江戸大地震
一八五七	安政四		はつと再婚	

略年表

一八五八	安政五			日米修好通商条約、安政の大獄
一八五九	安政六	横浜での生糸貿易をスタート	横浜での生糸貿易をスタート	横浜・長崎・函館が開港
一八六〇	安政七・万延元			五品江戸廻令
一八六二	文久二		若尾機械を開発	生麦事件
一八六三	文久三	前橋城再築資金を寄付、前橋に戻り糸繭商「三好善」を開く。		薩英戦争
一八六四	文久四・元治元			四国艦隊による下関砲撃
一八六六	慶応二	生糸改所取締となる。藩主松平公より永年苗字帯刀を許される。		薩長同盟
一八六七	慶応三			徳川慶喜、大政奉還を奏上
一八六八	慶応四・明治元		明治新政府の鎮撫府（甲府）に多額の献金。生糸蚕種取扱肝煎（理事）、町名主に抜擢	戊辰戦争、江戸城無血開城
一八七一	明治四		蚕種大総代に就任。生糸改良会社社長となる。	新貨条例制定され、円が通貨単位に
一八七二	明治五		焼き打ち事件に見舞われる。	学制公布、新橋~横浜間に鉄道開通、富岡製糸場操業開始

一八七三	明治六	桃井学校の設立に動く		
一八七六	明治九	県庁移転運動に奔走、多額を寄付。蚕種の直輸出に動く。	甲府区長となる。資産を兄弟や手代に分け、自らは両替商となる。	
一八七七	明治一〇	師範学校、医学校の新築費用を寄付	第十国立銀行の設立発起人代表となる。県会議員となる。	西南戦争
一八七八	明治一一	生糸改所を新築、天皇の御在所となる。		
一八七九	明治一二	昇立社を創業		
一八八〇	明治一三	高崎線、前橋までの延伸運動		官制工場の払い下げ始まる。
一八八一	明治一四	国立三十九銀行への支援		
一八八三	明治一六	両毛鉄道株式会社に出資。楫取県令留任運動		
一八八四	明治一七	臨江閣の敷地・新築費などを寄付		自由民権派による激化事件相次ぐ。
一八八五	明治一八	利根川永久橋建設に尽力		内閣制度創設、伊藤博文が初代首相
一八八七	明治二〇	前橋大火で寄付		
一八八九	明治二二	前橋町会代議員・議長となる。	初代甲府市長となる。	大日本帝国憲法発布
一八九〇	明治二三		貴族院議員となる。	第一回帝国議会

一八九二	明治二五	初代前橋市長に就任。前橋公園を計画、桜苗を寄付	東京馬車鉄道の支配権を握る。	
一八九三	明治二六	六月四日、死去	若尾銀行を開業	
一八九四	明治二七			日清戦争
一八九六	明治二九		東京電燈を支配下に置き、甲州財閥の牙城に	
一九〇〇	明治三三		東京馬車鉄道から東京電車鉄道に改称。地元の開国橋架設に多額の寄付	
一九〇二	明治三五			日英同盟
一九〇三	明治三六		東京電車鉄道、市街電車の運行を開始。逸平らが尽力した中央線（八王子～甲府）が開通	
一九〇四	明治三七			日露戦争
一九一〇	明治四三	前橋公園に銅像が建立。妻・せゑ死去	東京ガスの経営権を握る。	
一九一三	大正二		九月七日、死去	
一九一四	大正三			第一次世界大戦開戦
一九一七	大正六	善太郎らを顕彰した県治記念碑が前橋公園に建立		
一九一八	大正七		若尾焼き打ち事件	富山の米騒動が全国に波及

一九二三	大正一二			関東大震災
一九二七	昭和二		金融恐慌が勃発し、若尾財閥没落	金融恐慌始まる
一九二八	昭和三			世界恐慌始まる
一九八三	昭和五八	前橋市名誉市民となる。		

下村家系譜

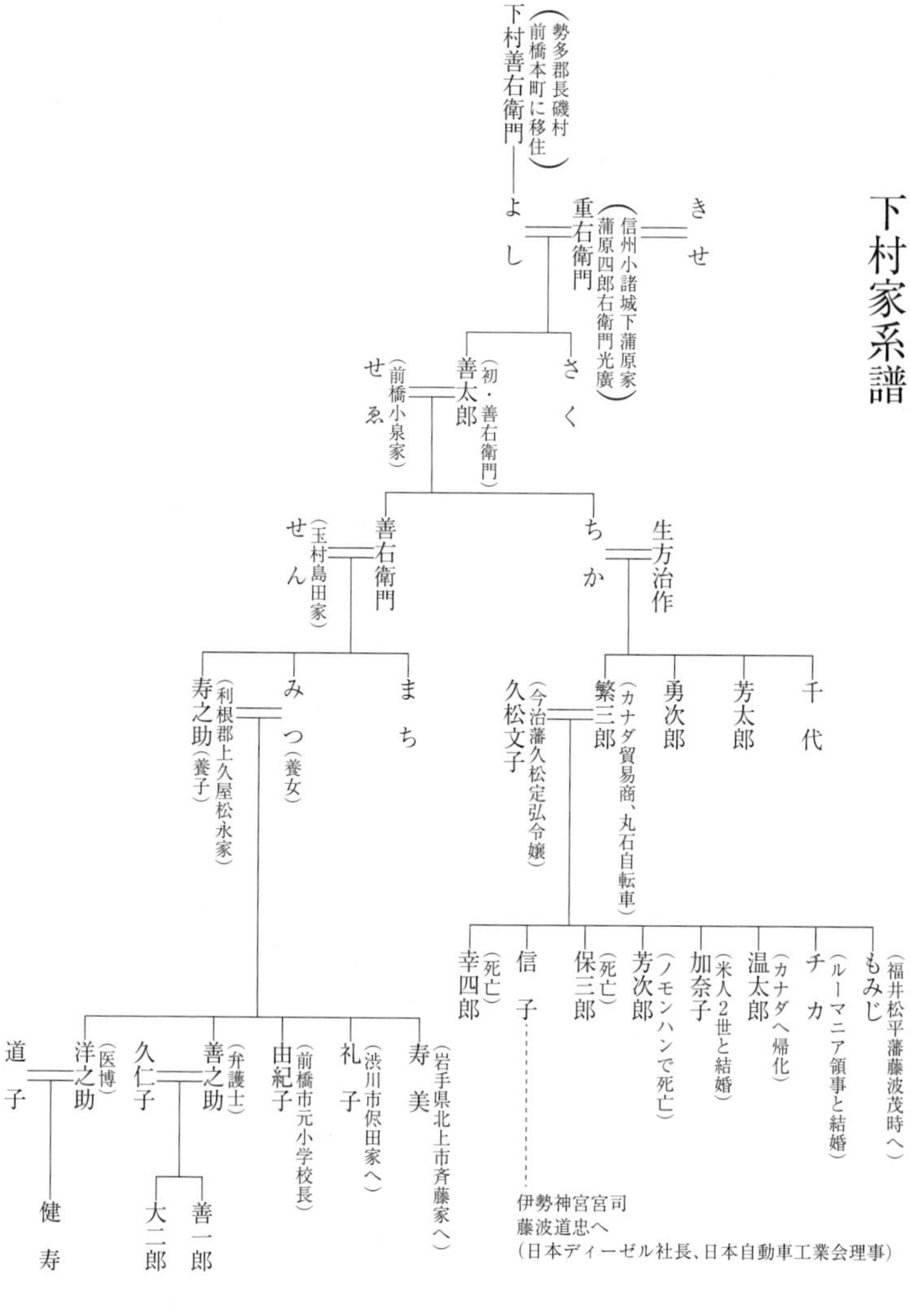

下村善右衛門（勢多郡長磯村 前橋本町に移住）
よし
重右衛門
（信州小諸城下蒲原家 蒲原四郎右衛門光廣）
きせ
さく
善太郎（初・善右衛門）
せゐ（前橋小泉家）
ちか
生方治作
善右衛門
せん（玉村島田家）
千代
芳太郎
勇次郎
繁三郎（カナダ貿易商、丸石自転車）
久松文子（今治藩久松定弘令嬢）
まち
みつ（養女）
寿之助（養子）（利根郡上久屋松永家）
もみじ（福井松平藩藤波茂時へ）
チカ（ルーマニア領事と結婚）
温太郎（カナダへ帰化）
加奈子（米人2世と結婚）
芳次郎（ノモンハンで死亡）
保三郎（死亡）
信子
伊勢神宮宮司
藤波道忠へ
（日本ディーゼル社長、日本自動車工業会理事）
幸四郎（死亡）
寿美（岩手県北上市斉藤家へ）
礼子（渋川市俣田家へ）
由紀子（前橋市元小学校長）
善之助（弁護士）
久仁子
善一郎
大二郎
洋之助（医博）
道子
健寿

あとがき

曽祖父・下村善太郎が初代前橋市長在任中に亡くなってから、すでに一二〇年以上が経つ。

善太郎がなぜ、生糸商として築いたばく大な資産をふるさと前橋のためにほとんど投じてしまったのか、そして、それはどのような思いだったのか。長らく、子孫の私にとって大いなる謎だった。

現代的な価値観では、ほとんどの資産を公共のためにささげてしまうような行為はありえないし、政財界においても地位を利用して財を成す者はいても、逆はあまり聞いたことがない。

そんな謎の解明に少しでも近づきたいという思いから、長年にわたって善太郎に関する資料の収集に努めてきた。そして、幕末から明治初頭にかけて善太郎と生糸商として覇を競った人物、若尾逸平なる人物の存在を知った。

若尾の足跡は、善太郎と共通する部分が極めて多く、調べれば調べるほど興味を持った。若尾も生糸商として成した財を郷土のために使い、初代甲府市長にもなっている。

しかし、そこからの二人の足跡は大いに異なっている。その共通性と差異性を明らかにすることにより、先に挙げた謎の解明に近づけるのではないかと考えた。

改めて二人の足跡を詳細に描くことによって、上州の生糸商たちと甲州の生糸商の違いも明らかとなったのではないかと思っている。若尾らは甲州財閥として首都のインフラ構築に邁進していったが、善太郎ら上州の生糸商たちは基本的にふるさと前橋を拠点に活動を続けた。幕末から明治初頭にかけて生糸輸出で蓄えた富を元手に別の産業に投資していった甲州系と「糸のまち」として繁栄を築いただけに蚕糸業への執着を長く持ち続けた上州商人との違いもあった。

しかし、ある意味、善太郎の社会事業家的な側面は、両者の違いだけでは説明しきれない部分もあるように思う。

善太郎の生き方にどこまで迫れたか確信はないが、読者の判断に足る資料は提供できたのではないかと考えている。

子孫の自分が言うのはおこがましいが、善太郎のお金の使い方は、誠にあっぱれと言うべきであろう。明治時代に一財産築いた事業家は数多いが、その多くは昭和恐慌までに没落していった。善太郎はその資産を没落という憂き目を見ることなく、ふんだんにふるさと前橋の構築のために投じた。まさにお金を有効に使い切ったと言えるのではないか。

その血を引き継ぐ私をはじめ下村家の人々にも先人に恥じない生き方をしようという思いは、常に頭の片隅にある。

カナダにわたって成功し、日系カナダ人への教育支援のための生方基金を創設した生方繁三郎（善太郎の長女チカの長男）にも善太郎の意志は着実に受け継がれていたことを知った。善太郎の曾孫に当たり、私の兄でもある善之助は弁護士として長年にわたり活躍。群馬弁護士会会長、日弁連常務理事を歴任し、二〇〇八年には旭日小綬章を受章した。善之助の弟で医師の私・洋之助は、カルフォルニア大学留学などを経て、糖尿病や肥満の研究、臨床を続けている。現在、群馬県立県民健康科学大学名誉教授、日高病院学術研究センターのセンター長の役職にある。生涯通して現役を貫き、少しでも社会に貢献できればという志はある。

現在に至るまで、善太郎のＤＮＡは着実に息づいていると信じている。

終わりに、本書発刊に際して、貴重なご指摘をいただいた手島仁氏、編集を担当していただいた富澤隆夫氏、共同執筆者として協力していただいた磯尚義氏らに心より厚くお礼申し上げます。

平成三十年九月

下村洋之助

【著者略歴】

下村洋之助（しもむら・ようのすけ）
1942年前橋市紅雲町に生まれる。岩手医科大学卒業。群馬大学第一内科入局、アメリカ留学を経て、第一内科医局長。現在、群馬県立県民健康科学大学名誉教授、日高病院学術研究センターセンター長。共著に『肥満の臨床医学』（朝倉書店）、『検査値マニュアル』（広川書店）など。

磯 尚義（いそ・たかよし）
1966年群馬県生まれ。京都大学文学部卒業後、出版社のぴあなどを経て、現在、フリーランスライター。主な著書に『サッポロ一番を創った男』（上毛新聞社）など。

下村善太郎と若尾逸平
初代前橋市長と初代甲府市長

二〇一八（平成三十）年十二月二十五日　初版発行

著　者　下村洋之助／磯　尚義

発行所　上毛新聞社事業局出版部
〒三七一―八六六六
群馬県前橋市古市町一―五〇―二一
電話〇二七―二五四―九九六六
振込口座〇〇一六〇―六―三六九四七
http://www.jomonet.co.jp